NOV 3 0 2015

SPANIS

Cala co

de escu

Cala, Is

Elogios sobre Ismael Cala y

"Ismael Cala es un gran conversador. Pasé un momento increíble durante nuestra hora de *Cala* de CNN en Español. Estoy seguro de que su primer libro *Cala Contigo: El poder de escuchar* será una gran herramienta para todo aquel que quiera emprender el largo, y no tan fácil, camino para convertirse en un gran oyente y en un líder que sabe escuchar. Ismael tiene, entiende y utiliza el poder de escuchar como un aliado para aprovechar lo mejor de sus invitados. Cala tiene una larga carrera por delante. Él me considera una fuente de inspiración, yo le animo a seguir escuchando para obtener más inspiración. Para Ismael, lo mejor aún está por venir".

—Larry King, Periodista y conductor por 25 años de *Larry King Live* en CNN

"Cala ha descubierto que no es hablando sino oyendo y prestando atención como se entiende la gente. Este libro, sin proponérselo, es un excelente y original manual de empatía. Ismael no sólo es un gran entrevistador. Es un magnífico comunicador de enseñanzas útiles".

—Carlos Alberto Montaner, Escritor y periodista

"Este es un libro para aprender. Como entrevistador siempre me ha sorprendido cómo Cala le saca todo a los entrevistados…por las buenas. Pero ahora sé cómo la hace: sabe escuchar como pocos. Cala es, sin duda, uno de los más sagaces entrevistadores de la televisión en español, un magnífico y paciente oyente, y un escritor que sabe cómo atraparte. A Cala hay que verlo, oírlo y leerlo".

—Jorge Ramos, Escritor y presentador de Univisión

"Dice el proverbio popular que para saber hablar es necesario saber escuchar… Y yo agregaría que saber escuchar es el componente fundamental en el arte de conversar. Ismael Cala demuestra en sus entrevistas que está graduado con honores en esta difícil especialidad. Va mucho más allá, porque mezcla magistralmente su talento personal con una rigurosa preparación para enfrentar a sus entrevistados y una

NOV ... 2015

infinita curiosidad acerca de los temas y personajes que aborda. Por todo eso, celebro el lanzamiento de *Cala Contigo: El poder de escuchar*. Ismael, te felicito por lograr esa exquisita combinación de comunicador innato y conversador elocuente".

—Mario Kreutzberger «Don Francisco»

"A través de su programa en CNN, Cala nos ha encantado con su capacidad de hablar y su estilo asertivo, agudo, vibrante, directo y a la vez amigable. Ahora nos sorprende con su habilidad de escribir. *Cala Contigo: El poder de escuchar* es un libro bien hilado, ameno y aplicable, muy útil e interesante. Gracias, Cala, por mencionarme entre tus influencias positivas. Me siento honrada y, sobre todo, feliz con esta sinergia que nos conectó desde el primer instante y que ahora ayudará a miles de personas a ejercer el maravilloso arte de escuchar. La clave del éxito".   —Sonia González , Autora, periodista y conferencista

"Ismael, me encantó tu libro *Cala Contigo: El poder de escuchar* porque solo los grandes como tú saben escuchar".

—Carolina Herrera, Diseñadora de modas

"En este libro, Ismael Cala demuestra claramente que saber escuchar es la mejor forma de entender el punto de vista de cualquiera que este exponiendo su forma de pensar, de sentir y por supuesto, de actuar".   —Don Miguel Ruiz, Escritor del best seller *Los cuatro acuerdos*

"Siempre supe y sentí que si Dios nos había dado dos oídos y una sola boca, era para que escucháramos el doble de lo que hablábamos. Este libro hermoso es un homenaje a esa condición. Al transitar por sus páginas se percibe la humildad del camino recorrido y la sabiduría de quien sabe colocarse al servicio del alma de su interlocutor. Leerlo es simplemente un placer, un bocado que invita al crecimiento, a lo mejor del ser humano, a nuestra capacidad de comunicación".

—Pilar Sordo, Psicóloga y autora

"El mal político no escucha, al mal amigo es mejor no oírlo, la vedette que sólo se repite a si misma es una perdida de tiempo, pero el que sabe oír sabe escribir y retener lo que le confiesan y éste es el caso de Cala, el de la sonrisa irresistible".

—Elena Poniatowska, Periodista y autora

"*Cala Contigo: El poder de escuchar* es la narrativa de un aprendizaje emocional y espiritual basado en la escucha, no sólo del otro sino también de uno mismo. Rico en anécdotas personales y profesionales y en consejos prácticos, nos invita a cambiar nuestra forma de escuchar y de relacionarnos con el mundo. Asimismo, nos permite apreciar la tenacidad de un hombre que, a pesar de muchos obstáculos, ha cultivado la escucha no sólo como herramienta de trabajo sino como filosofía de vida. Uno se queda con las ganas de leer más, y de tener algún día a Ismael Cala como vecino en un vuelo transatlántico, para disfrutar con él del arte, casi desaparecido, de la conversación".

—Marina Castañeda, Psicoterapeuta, conferencista
y autora de *Escuchando(nos)*

"Ismael es puro carisma. Se ríe y sale el sol. Y además, es tan inteligente… Tanto en su vida como en estas páginas, nos enseña lo sano que es dejar el ego de lado. Te amo, Calita".

—Susana Gimenez, Actriz y presentadora

"En la vida es importante escuchar, no solo en los negocios y en lo personal, sino en cada momento. Cala nos da la oportunidad de hablar y de ser escuchados, pues los grandes sabios escuchan, no solo hablan. Este es el respeto que todos nos merecemos como seres humanos. Le deseo siempre lo mejor a mi amigo, no solo por ser el gran profesional que es sino por ser una gran persona. Todos sus amigos sabemos del gran futuro que le espera".

—Emilio Estefan, Multipremiado músico, productor y empresario

ACERCA DEL AUTOR

Ismael Cala es presentador y productor de radio y televisión, periodista, autor inspiracional, conferencista, orador motivacional y co-
lumnista. Conduce su programa *Cala*, un show de entrevistas por
CNN en Español y CNN Latino en horario estelar.

Nacido en Santiago de Cuba, se graduó con honores en la Escuela
de Comunicación de la Universidad de York (Toronto), ostenta un
diploma en Producción de Televisión de Seneca College y es licen-
ciado en Historia del Arte por la Universidad de Oriente en Cuba.
Ha sido presentador y conductor de exitosos programas de radio y
televisión en Cuba, Canadá, Estados Unidos y México. Su trayectoria
como conferencista y orador motivacional lo ha llevado a recorrer
cerca de una veintena de países por todo el continente americano. Ha
recibido numerosos reconocimientos por su trabajo, entre ellos el
Canadian New Pioneers Award, el Premio Somos al Mejor Comunicador del Año en Toronto, y el Premio ACE de la Asociación de
Cronistas de Espectáculos de Nueva York.

En su show de entrevistas, Cala ha tenido el lujo de contar con figuras de talla mundial, entre los que se destacan mandatarios de países
latinoamericanos, empresarios como Emilio Estefan, Premios Nobel
de la Paz como Rigoberta Menchú y Lech Walesa, diseñadores de
moda como Carolina Herrera, así como decenas de escritores, deportistas, políticos y artistas como Jennifer López, Pitbull, Verónica Castro, Elena Poniatowska, Don Francisco, Susana Giménez, Desmond
Child, Arturo Sandoval, Paloma San Basilio, Andrea Bocelli y Larry
King, entre muchos otros.

CALA CONTIGO

EL PODER DE ESCUCHAR

Ismael Cala

C. A. PRESS
Penguin Group (USA), LLC

C. A. PRESS

Published by the Penguin Group
Penguin Group (USA) LLC
375 Hudson Street
New York, New York 10014

USA | Canada | UK | Ireland | Australia | New Zealand | India | South Africa | China
penguin.com
A Penguin Random House Company

First published in the United States of America by C. A. Press,
a member of Penguin Group (USA) LLC, 2013

Copyright © 2013 by Cala Enterprises
Penguin supports copyright. Copyright fuels creativity, encourages diverse voices, promotes
free speech, and creates a vibrant culture. Thank you for buying an authorized edition of this
book and for complying with copyright laws by not reproducing, scanning, or distributing
any part of it in any form without permission. You are supporting writers and allowing Penguin to continue to publish books for every reader.

LIBRARY OF CONGRESS CATALOGING-IN-PUBLICATION DATA
Cala, Ismael.
Cala contigo : el poder de escuchar / Ismael Cala.
pages cm
ISBN 978-0-14-750936-9
1. Listening. 2. Interpersonal communication. 3. Success. I. Title.
BF323.L5C35 2013
153.6'8—dc23   2013015499

Printed in the United States of America
10   9   8

While the author has made every effort to provide accurate telephone numbers, Internet ad-
dresses, and other contact information at the time of publication, neither the publisher nor the
author assumes any responsibility for errors or for changes that occur after publication. Fur-
ther, publisher does not have any control over and does not assume any responsibility for author or third-party Web sites or their content.

Penguin is committed to publishing works of quality and integrity. In that spirit, we are proud
to offer this book to our readers; however, the story, the experiences, and the words are the
author's alone.

A esa fuerza superior que me guía cada día: Mi Dios de amor.
A Él, la gloria de todo lo que hago. Gracias.

A mi madre Tania López, ejemplo de tenacidad, amor y fuerza.
¡Gracias por todo lo que nos has regalado!

A la memoria de mi padre, Ismael, y de mi abuela, Annea.
¡Qué en paz descansen!

A mis hermanos Adonis y Alexis. A sus esposas Marisol y Berlinda.
A mis sobrinos Thalia, Tanita, Thailín, Christopher y Alejandro.

A mi gran maestra, mi querida madre vocacional
Nilda G. Alemán. ¡Gracias!

A mis amigos de toda la vida.

A quiénes han seguido mi carrera como comunicador,
a mis fans en Twitter y Facebook, a mis colaboradores.

A Cynthia Hudson y mis colegas de CNN, en especial el equipo de
CALA, por su apoyo y confianza. De ustedes aprendo cada día.

Para todos: Cala Contigo: El poder de escuchar

ÍNDICE

ÍNDICE

Introducción

~

El secreto del éxito
es saber escuchar

¡Hola! ¿Me escuchas? Sí, visualiza mi voz, el timbre y el tono íntimo con el que quiero mantener esta conversación. ¿Quién no desea triunfar en la vida? Con esa meta, creamos estilos para enfrentar la toma de decisiones. Usamos el lenguaje para crear y expresar nuestras emociones, conflictos y aspiraciones. Sin embargo, muchos desconocen que escuchar sin prejuicios, de una manera profundamente receptiva, es una herramienta indispensable para conquistar lo que deseamos. Oímos por naturaleza, pero en un mundo tan complicado y dinámico, hemos ido perdiendo esa facultad. Lamentablemente, también oímos con menos precisión que con la que piensan, anhelan y sienten las personas que nos rodean.

En *Cala Contigo: El poder de escuchar* intento revelar las claves para cultivar el "tercer oído", el poder invencible de escuchar las palabras y el alma de nuestros interlocutores. Oír lo que no se dice, adivinar el discurso profundo y compenetrarnos con sus ideas y emociones. El poder de escuchar es una herramienta universal de éxito, que nos permitirá comprender a nuestros semejantes y compartir a plenitud con ellos. Con esta herramienta podemos poner el mundo a nuestros pies y hacer posible que los demás realicen sus sueños. Quien se siente escuchado, también aprende a escuchar a los demás. Solo hace falta que experimente los beneficios de esta facultad maravillosa.

La habilidad de escuchar con atención, sentimiento y discernimiento crítico es una de las capacidades mágicas del ser humano. Es, en realidad, la base de todas las relaciones afectivas, tanto familiares como interpersonales. A través de este libro, el poder de escuchar creará una cadena en la cual todos nos beneficiamos: padres, hijos, amigos, colegas y jefes, y hasta desconocidos con los que trabamos algún contacto ocasional.

Cala Contigo: El poder de escuchar es un libro entretenido y fácil de leer. Miles de personas, entre ellas algunas a las que nunca conocí, me han inspirado a escribirlo. Llevo más de cinco años pensando en cómo plasmar en papel los pensamientos que se me ocurren a diario sobre esa carrera que todos deberíamos estudiar a tiempo completo: el crecimiento y el bienestar espiritual.

Las personas que me han inspirado han ejercido una influencia en mi personalidad. Pocas cosas en la vida producen más satisfacción que el respaldo y el valor que recibimos de otros. La validación de la audiencia, en radio y televisión, de los amigos, colegas y desconocidos, más el legado de una década junto a maestros espirituales, estrategas de vida y personas exitosas, me llevaron finalmente a escribir este primer libro. Decreto: es el primero de muchos por venir, con la bendición de Dios y el universo.

Desde la adolescencia, la gente me ha elogiado siempre dos cosas. La primera, la sonrisa, se la debo en parte a la genética. Digo "en parte", porque una sonrisa plena no es sólo esa dentadura simétrica y perfecta que venden los especialistas con tanta facilidad. La sonrisa plena, más allá del gesto, es el reflejo del alma. La segunda cualidad que suelen elogiarme es que soy buen escucha. Será por eso que los entrevistados me dicen muchas veces: "Me encanta conversar contigo, aquí he podido hablar, me he sentido escuchado".

Acepto con más vanidad lo de la sonrisa (mis dentistas siempre lo ratificaron) que lo de ser un escucha perfecto. Para no ir más lejos, mi madre no cree que le preste suficiente atención. Llevo trabajando en ello más de 40 años, y aún me queda como asignatura pendiente. Espero aprobarla en un futuro cercano, para satisfacción mía y de mi inigualable heroína Tania.

Un día, pensando en cómo esas dos cualidades combinadas resultaban atractivas para la audiencia, decidí estudiarlas a conciencia. Investigué y leí a fondo sobre los dos temas: la sonrisa y el arte de escuchar. Como todo en la vida, este último se perfecciona al centrar la atención en quien nos habla, y no en nuestro egocéntrico universo.

La respuesta la encontré cuando vi en televisión un episodio de *I Love Lucy*, con Lucille Ball y Desi Arnaz, pioneros de las llamadas *sitcoms* o comedias de situación en Estados Unidos. Ese día, me sorprendí sonriendo, mientras no perdía un segundo del brillante diálogo entre ambas estrellas. Lucille y Desi compartían una química perfecta. Gracias a ellos entendí que la sonrisa es la respuesta más sublime a la escucha. Desde entonces, sonreír y escuchar se han convertido en dos armas de mi vida al servicio del bien común. Descubrí que no solo eran bien recibidas por los demás, sino que me hacían mucho bien como individuo.

Con esa convicción, y con la experiencia de que muchas de mis anécdotas, contadas entre amigos o en entrevistas, eran muy bien recibidas y resultaban inspiradoras, decidí lanzarme a esta aventura espiritual. Junto con mis agentes para este proyecto, David Taggart y Dan Stav, me di a la tarea de encontrar la mejor casa editorial para *Cala Contigo: El poder de escuchar*.

Muchas editoriales estaban dispuestas a trabajar conmigo. Penguin apostó por el estilo autobiográfico, y comprendí que este era el camino editorial ideal para el libro que debía escribir. El lector encontrará aquí decenas de anécdotas y vivencias sobre mi vida, y un amplio trasfondo sobre mis carreras personal y profesional. Pero también encontrará mucho más: un libro que comparte ideas y principios espirituales inspiradores, de auténtico crecimiento personal.

En las librerías, los textos sobre estos temas suelen terminar todos en la categoría única de "autoayuda". Nunca he compartido esta clasificación cerrada, y considero que contradice el propósito del lector al que va dirigido. Sin embargo, defiendo este tipo de literatura, porque soy uno de los millones de beneficiados por el conocimiento compartido. Las grandes decisiones y cambios de mi vida provienen de mi educación espiritual autodidacta, es decir, como asiduo lector de textos de "autoayuda". Y esto es lo que busco: compartir esta educación, mi experiencia, mi búsqueda de identidad en el gran todo que es el universo.

La mayoría de los libros de literatura inspiracional que me han acompañado en este viaje estaban en inglés. Por eso, siento que existe un nicho para escribir sobre estos temas en el idioma de Cervantes. Y también un público que los necesita.

En este punto quiero dejar claro que no soy terapeuta ni psicólogo. La última vez que visite un psiquiatra, de la mano de mi madre, tenía 14 ó 15 años, aunque después, he sido un ávido lector de psicología y psiquiatría. Tampoco soy un gurú espiritual, pero sí un discípulo, un aprendiz, ávido de más sabiduría universal y menos conocimientos memorizados. La muerte nos sorprenderá aprendiendo.

Las ideas que expreso en este libro provienen de las leyes universales y del infinito conocimiento colectivo. El disco duro de la sabiduría humana no ha sido creado por ningún mortal, sino por la suma de millones de cerebros a través de los siglos. Mientras escribo, siento que hay muchas personas valiosas, sabias, maduras, y otras que tal vez no lo son tanto, pero que también me enseñaron algo: todas son coautoras de este libro. A lo largo de sus páginas, menciono a algunas y cito sus palabras, en gratitud por las lecciones que me dieron. Siempre he pensado que si alguien es capaz de sintetizar una idea o concepto mejor que uno mismo lo humilde y pertinente es reconocerlo.

Marlene Dietrich decía que amaba las citas, porque era una dicha encontrar pensamientos expresados de forma maravillosa, con autoridad, por alguien reconocido como más sensato que ella. ¡De acuerdo, Marlene! ¡Por eso te cito ahora a ti! Cada idea citada en este libro busca crear un punto de reflexión y ejercicio de pausa en la lectura. Este es un libro para leer sin prisas.

Cala Contigo: El poder de escuchar, solo tendrá vida propia cuando tú, como lector(a), abras sus páginas e interactúes con él de manera crítica. Mi propósito es abrir un nuevo canal de comunicación, más íntimo, con mucha gente que comulgue en la misma onda de frecuencia espiritual. Compárteme unas líneas, y conviértete en miembro de la comunidad que deseo crear. Estoy ansioso por escuchar cómo este libro llegó a tus manos, y que ideas dejó en ti. Lo que experimentes será único, muy personal, y ése es el mejor regalo que puedes compartir conmigo. Visítame en www.ismaelcala.com y escríbeme a ismael@cala presenta.com.

Compartir optimismo, buena vibra, energía positiva, esperanza y fe: este es mi propósito. Que nos convirtamos todos en mejores escuchas, en seres emocionalmente inteligentes. Este libro pretende ser un pequeño emisor de inspiración, para que los seres humanos seamos gente de bien, bondad, plenitud y aprendizaje constante. ¡Ojalá lo logre! Y si no, ¡lo seguiremos intentando!

CALA CONTIGO:

EL PODER DE ESCUCHAR

Capítulo 1

~

Call me Ishmael:
Llámame Ismael

Así comienza el original en inglés de *Moby-Dick*, la gran novela de Herman Melville. Es una de las líneas de apertura más conocidas de la literatura occidental. Todo un clásico literario y también del cine. El nombre de Ismael ha trascendido como símbolo de huérfanos, exiliados y marginados sociales. En los párrafos iniciales de *Moby-Dick*, Ismael cuenta que se ha volcado al mar por un sentimiento de alienación frente a la sociedad humana. En la última línea del libro, se refiere a sí mismo como un huérfano. Así mantiene la conexión bíblica y enfatiza la representación de desplazado o marginado social. El personaje tiene un rico bagaje literario, ya que fue maestro, y su cultura se manifiesta en las aventuras con los compañeros de travesía en alta mar.

Durante mucho tiempo me identifiqué con el personaje de Melville. Especialmente en el sentimiento de que algo me faltaba y la sociedad no era capaz de dármelo. O quizás, de que era yo el que no pertenecía a la sociedad. En ocasiones me sentía huérfano de padre aunque lo tenía vivo. Como el Ishmael de *Moby-Dick*, en sus peligrosos avatares tras la pista de la ballena blanca, casi me lanzo al mar en una balsa desde mi isla de Cuba, tratando de ver qué me depararía el destino del otro lado del horizonte.

Aquel intento de convertirme en marinero, y quizás en náufrago, afortunadamente no llegó a ser. La "expedición" a la que se suponía que iba a unirme salió de Santiago de Cuba hacia la Base Naval de Guantánamo, pero no me avisaron a tiempo. El mar siguió siendo por varios años más un punto de complicidad universal con Dios, donde invocaba el inicio de mi gran aventura por el mundo.

Esa noche le confesé a mi madre que quería salir de la isla para conocer y conquistar el mundo. Ella, llorando desesperadamente, me dijo: "No seas loco, no eres Don Quijote. No te lances en una balsa, o el mar te devorará. Espera, sé paciente y prepárate para ese viaje, que llegará". Tras ese día de 1992, la espera duró seis años hasta que crucé el océano por los cielos de Norteamérica. Hoy, como hizo Herman Melville hace más de siglo y medio con su personaje, uso esta simple línea para presentarme: "¡Llámame Ismael!"

Saber algo del autor siempre ayuda a entender el mundo que plasma por escrito. En el caso de un escritor de oficio, su obra lo moldea, lo identifica. Pero cuando se trata de una figura pública de radio y televisión, un poco más de información de la persona, y no del personaje, revela con mayor autenticidad quién es. A veces siento que tantos años detrás del micrófono y delante de la cámara me han creado una identidad adquirida, debido a las exigencias de las diferentes empresas con las que he trabajado. En este libro, trato por primera vez de desprenderme de tantas pieles mudadas. Mi intención es mostrar la capa más profunda de esa envoltura humana que he aprendido a entender y descubrir como persona.

Otro Ismael

Quizás en todos estos años me has visto o escuchado en los medios masivos de comunicación. Sobre todo si eres oriundo de Santiago de Cuba, pues debuté en radio a los ocho años y a los quince en televisión. O si me conociste durante mi estancia en La Habana, Toronto, Miami, México o Atlanta, en los diferentes medios en los que he prestado servicios. Mi voz estuvo marcada, y aún lo está, por la temporalidad del mensaje que requería cada proyecto. Por primera vez, decido abandonar mi avatar público y adentrarme en lo más profundo del ser humano. Se trata de un catártico viaje por los principios de la vida, basados, sobre todo, en la difícil capacidad de escuchar. Estos rasgos forman parte de mi práctica diaria en las entrevistas de *Cala*, en CNN en Español. La premisa de este libro es justamente la frase que cierra cada episodio del programa, *El secreto del buen hablar es saber escuchar.*

¿Quién soy? ¿Cómo me veo? Intento definirme como un Quijote, un aventurero, un soñador y un inadaptado. Nací y crecí en la bella Cuba. Fui un niño relativamente normal, con una infancia marcada por el sistema político en el que vivíamos, el comunismo cubano. Así me formé hasta los veintiún años, cuando el colapso de la Unión Soviética desmoronó la idea de que el socialismo era "el sistema más justo y perfecto del mundo". Pero este no es un libro sobre política, sino un texto inspiracional sobre la escucha. Por eso, trataré de no entrar en juicios ideológicos. Algunas referencias políticas están estrechamente ligadas a mis vivencias personales. Son eventos que han marcado mi personalidad y resulta imposible obviarlos.

A los 28 años no había conocido el mundo. Vivía en una isla que no se podía abandonar sin autorización del gobierno. Mi sueño era haber sido un viajero, hasta un mochilero, como muchas personas en sus años de juventud. A esa edad salí por primera vez de Cuba, donde me habían formado para ser un proletario. Llegué a Canadá por 11 días, como maestro de ceremonias del pabellón cubano en el festival multicultural Caravan. Formaba parte de una delegación que incluía a la banda musical Latin Street, de Mireya Escalante, con la dirección de Mario del Monte. También viajaron una tabaquera y un chef. Comida típica, música y juegos de animación. Así mostramos el "sabor de Cuba" en Toronto.

Con esos mismos 28 años contaba con un título universitario en Historia del Arte, un diploma de la Escuela Internacional de Animación Turística de La Habana y un certificado de locutor de radio y televisión de primer nivel. En los últimos tres años había tenido gran éxito en la radio y la televisión nacional. Era, sin dudas, mi primera gran historia de éxito migratorio. Me llamaban "palestino", porque así califican en La Habana a las personas que emigran desde la región oriental. Xenofobia interna barnizada de humor criollo, como si no fuera suficiente con el resto de los problemas diarios.

Entonces tenía muchos sueños por conquistar. Toronto me cautivó como ciudad. Nunca había visto tantos rascacielos juntos. La vista panorámica del *downtown* me remontaba a las películas norteamericanas que transmitía Cubavisión, el sábado en la noche, uno de los dos canales que existía en Cuba en 1998. Veíamos filmes de Estados Unidos, muchos de ellos *thrillers*, y así filtrábamos en la mente cómo podría ser el mundo más allá de la frontera natural (o antinatural, según se mire) que nos mantenía atados en nuestra isla. La otra panorámica la ofrecían los dibujos animados, series y películas procedentes de la Unión Soviética y del antiguo bloque socialista. Crecí con la idea de que el Estado lo proveía todo para vivir, y que la individualidad era un maligno lastre capitalista. Lo que importaba, según la doctrina comunista, era lo colectivo, porque en la sociedad todos éramos "iguales". De ahí que la búsqueda de mi identidad no lograse despegar del todo mientras viví en Cuba.

No tenía nada más que una cámara fotográfica y una maleta con unos cuantos trapos, y eran ambas prestadas. Llegué a Toronto sin saber lo que era una cuenta de banco o una tarjeta de débito, y sin la más remota idea de lo que era el crédito. Mi relación con el dinero ha sido complicada. Mi madre hizo enormes sacrificios para darnos oportunidades a los tres hermanos. Solo en mi último año, antes de salir de Cuba, comencé a tener cierta independencia financiera. Conseguí cuatro empleos en moneda nacional, o sea en pesos cubanos, y otro en dólares "por debajo de la mesa", como decíamos allí. Trabajaba en Radio Rebelde y Radio Taino. Además, presentaba un programa de televisión con el gran director e investigador cubano Vicente González Castro, de quien siempre recordaré grandes enseñanzas en el mundo de los medios. Por si fuera poco, trabajaba como animador del Salón Rojo del Hotel Capri, donde presentaba a los grupos de salsa más importantes del país. Allí ganaba 20 dólares por noche y alguna propina. Fue una etapa de relativa bonanza. Por primera vez pude ahorrar dinero bajo el colchón y comprar las cosas que necesitaba, sin depender de la tarjeta de racionamiento. Por ejemplo, zapatos nuevos.

En la vida damos por sentado lo que no cuesta demasiado. Hoy, muchas personas no consideran un par de zapatos algo prioritario, entre ellas yo. Sin embargo, me veo otra vez en el año 1996 en La Habana, caminando con mi único par de zapatos de cuero negro. Medio estrujados en la parte superior y con la suela totalmente gastada, sobrevivían gracias a los remiendos del mejor zapatero del barrio del Vedado. En cada suela tenía un orificio que podía servir perfectamente de desagüe o conducto de ventilación. Con cada pisada, los huecos me recordaban mi deseo de esforzarme para vivir mejor, sentirme próspero y conocer el mundo. Cuando hacía sol, debía estar atento para no meter los pies en los charcos de aguas albañales. Pero si llovía, la historia era peor. Mis zapatos agujereados me obligaban a mantener la mirada clavada en el piso. Tenía que concentrarme en donde ponía los pies, o terminarían oliendo mal. A ese par de zapatos hoy le canto una *oda a la mirada*: "Me enseñaste a pensar, a no descansar sumido en la adversidad del hoy". Ellos fueron testigos de una época en la que materialmente tenía poco y en la que, además, no sabía cómo lograr mi sueño de explorar el mundo.

Lloré de gozo el día en que pude reemplazarlos. Los nuevos eran muy baratos —por cierto, no de mucha calidad— pero al menos protegían mis pies. Me costó deshacerme de los viejos: me parecía que estaba tirando parte de mi historia.

Recuerdo los consuelos de mis amigas Silvia y Edelmira (Miro). "No te desesperes, Ismael, que Dios tiene un plan muy largo y lleno de triunfos para ti", solían decirme. Hoy agradezco a tantos que me alentaron a conquistar mis sueños: Álvaro de Álvarez, Jorge La Suerte, Josie Jiménez, Karla López, Lázaro Caballero, María Esther, Juan Cañizares... Por momentos, costaba trabajo ver cómo sería el camino. No lo podía visualizar, pero amigos y colegas no me dejaban desmayar en la ruta hacia mis sueños.

Siempre he logrado mi andar con la ayuda de muchos ángeles guardianes. Dios me escucha. Dios me ama. Dios me acompaña. Nadie en este mundo es una isla, todos somos partes de un archipiélago humano. Todos interactuamos, necesitamos el nexo, el lazo de convivencia y apoyo.

La Cuba 'perfecta'

Desde muy pequeño aprendí que trabajar en equipo es el verdadero mérito de los seres humanos. He sido sumamente independiente, la vida me programó así porque no me quedó otra opción. Para conquistar el mundo debía salir del seno familiar, del pueblo, de mi país natal, y desprenderme de la melancolía y de la nostalgia. La idea de abandonar la isla fue un proceso largo, porque todos crecemos con un código muy enraizado. El mío, el nuestro, como cubanos de la revolución de Fidel Castro, fue muy fuerte: una recia propaganda antinorteamericana y una defensa cerrada de las ideas del "socialismo proletario".

Como dije, no pretendo hablar de política; solo de espiritualidad y de la facultad de escuchar. Sin embargo, es difícil no hacerlo en este punto, porque el gobierno del país donde crecí controlaba mi espiritualidad. Aprendí a escuchar a los políticos y a los funcionarios públicos con un escepticismo que aumenta al paso de los años. Gracias a Dios existen hombres de bien, con vocación para hacer una diferencia en la vida de sus pueblos, y muchas democracias cuentan con sistemas de contención para que los gobernantes no se fosilicen en el poder.

Crecí repitiendo una consigna en la escuela primaria: "Pioneros por el comunismo, seremos como el Che". La coreé demasiado tiempo. Aprendí una historia a la medida de quienes la redactaron, porque la historia la escriben e interpretan los vencedores. Cumplí 21 años creyendo que Cuba era la perfección y que más allá de la isla habitaba el mal. En dos ocasiones me tocó presentar a Fidel Castro en tribunas públicas, como parte de actos oficiales. Siempre me sentí nervioso, intimidado por la presencia del "máximo líder" o el "comandante en jefe", como debíamos llamarle.

Las autoridades justificaban todas las carencias y frustraciones que se vivían en nuestra casa con el embargo económico que Estados Unidos mantiene sobre la isla. Según la versión de la época, los productos no llegaban a causa de estas limitaciones. Mi ideología era la de un joven comunista y así crecí, sin conocer otro sistema político para comparar. Mi pensamiento crítico empezó a despertar cuando la Unión Soviética entró en colapso. En la Universidad de Oriente, en Santiago de Cuba, dejamos de recibir la asignatura de Filosofía Marxista-Leninista, ya obsoleta en aquel contexto: los soviéticos habían tirado la toalla del socialismo y comenzaban a abrirse al libre mercado y al capitalismo. Empecé a poner en duda todo lo que me había formado, la cosmovisión de un mundo que se desmoronaba frente a mis ojos. Solo dos veces en mi vida he tenido tal sentimiento de incredulidad y vacío. Uno fue el día en que nos enteramos que la Unión Soviética y el socialismo eran historia pasada. El otro, cuando vi desde Toronto por CNN, el 11 de septiembre de 2001, cómo un cruel atentado terrorista pulverizaba las torres gemelas.

Conversando con Fidel

Los sucesos en la Unión Soviética ocurrieron cuando tenía apenas 20 años. Sin embargo, mi interés por dejar el rebaño sólo creció después de un revelador encuentro en el Palacio de la Revolución de La Habana, en 1990. Cuba ya vivía entonces bajo lo que Fidel llamó "periodo especial", una etapa de carencias extremas, reajustes y precariedad total por el cese de los subsidios del extinguido bloque socialista. La electricidad se convirtió en una rara y lujosa aparición. No había apagones, sino *alumbrones*. Estábamos "bloqueados" y debíamos subsistir. Éramos una "isla aislada" del resto del mundo.

La nueva realidad despertó en mi generación toda clase de teorías sobre el posible rumbo del país. Yo era jefe de Cultura de la Federación Estudiantil Universitaria (FEU) y estudiaba el cuarto año de Licenciatura en Historia del Arte. Fui escogido entonces como delegado al congreso nacional de la FEU, que iba a presidir Fidel Castro. Era la época en que dos jóvenes, que luego llegaron a ser cancilleres, dirigían las organizaciones de la juventud comunista: Roberto Robaina presidía la Unión de Jóvenes Comunistas y Felipe Pérez Roque, la FEU. Y yo estaba sentado en ese selecto grupo, a la espera de alguna pista sobre el futuro del país.

En esa época, mi familia y yo apenas conseguíamos sobrevivir, como la mayoría del pueblo cubano. La comida estaba muy escasa, se medía hasta lo más mínimo. Mi madre y mi abuela eran muy cuidadosas, casi magas a la hora de repartir y ahorrar. Un poco de arroz y huevo hervido era todo lo que podía llevarme a la Universidad. Por el calor de Santiago de Cuba, muchas veces el huevo se fermentaba y el arroz se melcochaba. Cuando destapaba el improvisado recipiente, el olor era más fuerte que el hambre. Sin embargo, no había otra cosa, debía alimentarme para estudiar y rendir lo suficiente. Más de una vez cerré los ojos, me tapé la nariz y me tragué la comida sin pestañear. Hoy miro el camino recorrido, la resistencia para salir adelante, y las lágrimas me estremecen. Así era el panorama diario de Ismael Cala en 1990, salvo por una noche, en la que Fidel Castro se dirigió a los delegados al Congreso de la FEU.

El "máximo líder" invitó a los 400 participantes a una recepción en el Palacio de la Revolución. Todos, o la mayoría, padecíamos la misma situación económica. Cuando entramos en aquel magnífico salón de mármol negro, con enormes helechos en medio de las rocas, me pareció haber dejado el mundo real y estar en otra dimensión. Había enormes mesas, con finos manteles y cubertería plateada. El local estaba dividido por secciones. La mesa caliente tenía todo tipo de carnes, pescados y especies que no podría describir pues jamás las había visto. Otras mesas ostentaban la mayor variedad de quesos que uno pudiera imaginar. Una estación proponía opciones para crear pastas. Otra, ensaladas, vegetales… Ni hablar de los panes, dulces, vinos, licores, golosinas. Todo presentado como para una recepción de Estado.

Fidel Castro se acercó amigablemente al grupo de cinco estudiantes donde me encontraba yo. Todos teníamos un plato en la mano y comíamos desaforadamente. El comandante, vestido con su habitual traje militar, nos dijo: "El chef ha preparado comida como para 800 diplomáticos pero ustedes son la mitad". Mis ojos comenzaron a abrirse asombrados, ante aquella expresión tan distanciada de la realidad del país, que vivía un terrible momento económico. Yo aprovechaba para comer sin límites, pero mientras mi paladar disfrutaba aquellos manjares, mi mente no paraba de plantearme dudas existenciales sobre el futuro. *¿Cómo podría ser proletario, en la dictadura del proletariado, si esa noche descubrí cómo vivía la Cuba poderosa?* Entonces entendí que no había una sola Cuba, sino varias. Cobré conciencia de que tenía que tomar las riendas de mi propia vida.

Aún así, hasta ese momento, no había decidido que el viaje dentro de mí tendría que llevarme necesariamente fuera del país. Segundos más tarde, en medio de aquella experiencia surrealista, Fidel comenzó a preguntarnos qué estudiábamos. El primero de nosotros dijo: "Medicina". Fidel asintió diciendo: "Importante". El segundo contestó: "Comandante, yo estudio Derecho". "Muy bien", respondió Fidel. El entusiasmo le venía de cerca, ya que él se hizo abogado y pasó a la historia en 1953 por asaltar el cuartel Moncada, suceso que dejó 86 muertos, entre revolucionarios y militares.

Su imponente presencia intimidaba. Era una mente brillante. No discutiré para qué utilizó su brillantez, pues es un asunto que desborda el objetivo de este libro. Fui el tercero en responder a su pregunta. La verdad, no me salía natural llamarle "comandante". Estaba muy nervioso y simplemente dije: "Yo estudio Historia del Arte". Fidel Castro no habló, no pronunció palabra alguna. Me miró de abajo hacia arriba, como haciéndome una radiografía. En su cara había una expresión de indiferencia. Entonces, se volvió hacia el cuarto alumno y preguntó firme: "¿Y tú qué estudias?" El joven dijo: "Física Nuclear, mi comandante". Fidel me miró, hizo lo mismo con los demás, luego retornó la vista hacia el cuarto joven y dijo enfático: "Eso es lo que hace falta en este país, hombres de ciencia. Ese es el hombre nuevo que aporta a la revolución". El quinto alumno estudiaba Ingeniería, así que yo fui el único humillado de la noche.

Castro se retiró, y los demás chicos comenzaron a burlarse de mí. Decían que al comandante no le había caído bien eso de estudiar Historia del Arte. Uno de ellos se atrevió a preguntarme para qué servía tal profesión en una sociedad socialista. No tuve respuesta inmediata. Quedé petrificado ante el rechazo implícito del "máximo líder". Él era mi ídolo. Hoy en día entiendo que tal adoración era fruto de la mitificación, de un sentimiento de pertenencia patriótica, reforzado por la propaganda oficial. Esa noche, y esto no lo sabe mucha gente, pensé que salir de Cuba era la única opción. Tendría que hacerlo si realmente quería tomar las riendas de mi vida. Ahora soy un emigrante en busca de libertad total, no solo política, sino espiritual, identitaria. Espero que al leer estas confesiones puedas entender que todos tenemos derecho a disentir, explorar, tropezar, a hacer nuestra propia revolución interior.

Durante 28 años fui parte del rebaño cubano. En Toronto, en junio de 1998, decidí que mi propia revolución debía empezar. No de intereses políticos o ideológicos, sino de total exploración personal, de ideas, de apertura, de redescubrimiento. Una revolución para buscar el propósito de mi existencia en el mundo, como líder de mi propia vida y no como seguidor ciego de los designios de otros mortales. Esa es la razón por la que hoy, además de cubano, soy canadiense, estadounidense, mexicano, dominicano, venezolano, panameño, español… y terrícola, ante todo. Me gusta eliminar las etiquetas que nos limitan a un simple concepto o definición. La esencia humana es mucho más profunda. Hoy, escucharla se ha convertido en mi mayor reto.

Preguntas versus respuestas

Más allá de razas, religiones, culturas, idiomas, hay dos tipos de personas en el mundo: el ser humano que pregunta y el que cree tener todas las respuestas. Los que van por el camino de la iluminación espiritual, en busca de la verdad, aprenden a escuchar. Los otros, que creen que son los dueños de la verdad y la llevan dentro, no paran de hablar. No se trata de algo estático, sino de posiciones que pueden cambiar, intercambiarse, según dimensiones y épocas en la vida de un mortal. Hay quien se pasa la vida preguntando, tratando de encontrar respuestas. Otros, desde muy pequeños, ya creen conocer la verdad de su existencia.

Hace poco vi un titular maravilloso, en una entrevista que me hizo la revista *Estampas de Venezuela*: "Conversación con el hombre de las preguntas". Entonces dije: *Es cierto*. Es en lo que me he convertido, gracias a mi programa *Cala*, a Cynthia Hudson, gerente general de CNN en Español, y a Eduardo Suárez, vicepresidente de programación. Así soy: un tipo lleno de preguntas y dudas, con un escepticismo pronunciado.

Todos deberíamos descubrir el arte de conversar. Confieso que cuando era más joven sentía la necesidad de controlarlo todo, incluso las conversaciones. Pero me di cuenta de que el arte de conversar no existe cuando no estás dispuesto a entregarte sin predisposiciones. En general, las personas preferimos la escucha al sermón. Los grandes filósofos han compartido la curiosidad por descubrir su verdad con más preguntas que respuestas. Así surgió la electricidad, el teléfono y el automóvil, y así ha continuado la evolución humana y tecnológica hasta nuestros días.

¿Por qué nos cuesta tanto trabajo aceptar que no podemos conocerlo todo? Un hombre culto, hoy en día, no domina lo que sus semejantes en los tiempos de Aristóteles o Da Vinci. La información se ha diseminado tanto, que ahora un genio no lo es por saberlo todo, sino por su grado de especialización. El mundo se ha vuelto tan convulso, que incluso nuestra manera de prestar atención ha cambiado. Los avances tecnológicos han acortado el tiempo de las comunicaciones humanas. Hoy nos hablamos, cara a cara, sin que importen las distancias. Nuestro cerebro funciona a tal velocidad que todo lo procuramos con satisfacción inmediata.

Creemos ser más óptimos cuanto más aprovechamos el tiempo. Nos imaginamos genios de las multitareas. Y sí, podemos intentar hacer varias cosas a la vez, pero realmente a ninguna de ellas le prestamos total atención. Está demostrado que el ser humano limita su capacidad de concentración a una cosa, no a muchas al mismo tiempo.

Tratamos de hablar y de escribir a la vez, pero en realidad, no hablamos, solo oímos los sonidos, y alternamos ambas capacidades. Es un proceso que ocurre sin permiso de la conciencia, una alternancia para excluir lo rutinario y anteponer la prioridad. Escribiendo este libro, he pasado por las modalidades más disímiles de la atención. Por ejemplo, focalizándola en un solo estímulo o, como hoy, en un balcón a la orilla del mar, prestando una atención selectiva que excluye el ruido, las olas, el viento y concentrándome en mi pensamiento. Muchas veces he experimentado la atención alternante, que va de un tema a otro, como si estuviera viendo una telenovela, con tramas y subtramas.

Cada vez me resulta más insoportable prestar atención por obligación, no por impulso o interés propio. Este asunto lo explica muy bien Marina Castañeda en su libro *Escuchar(nos)*. Los niños, menciona Marina, tienen un tiempo límite de atención, que va incrementándose, poco a poco, de tres a cinco minutos por año de edad, hasta llegar a los 20 minutos en un adulto promedio. Esto he podido comprobarlo en experimentos con mis sobrinos. Muchas personas se muestran preocupadas porque la capacidad de atención de los niños vaya disminuyendo. En parte, por la cantidad de opciones de distracción a su alcance. Los videojuegos y la televisión comercial están estructurados en breves segmentos activos de concentración. Luego pasan a la pausa o al próximo nivel de complejidad. Dichos tiempos condicionan el cerebro a la espera de la desconexión, aproximadamente al cabo de 12 minutos. ¿Cómo llegar a los 20 minutos de máxima atención del adulto?

La sociedad nos ha condicionado a una total gratificación instantánea, que es más importante que cualquier otra cosa. Ya no tenemos paciencia. "Hoy" significa "ahora". Lo pedimos, lo exigimos, lo queremos. Antes, alquilaba una película en cualquier tienda del barrio, pero tardaba media hora en seleccionarla, ir y venir del lugar. Hoy, las películas están disponibles en muchas plataformas online, gratuitas o de pago, sin que tengamos que abandonar la sala de nuestras casas.

La web acorta los tiempos de entrega de los servicios, y esto es fantástico por un lado, pero negativo por el otro. Desde mi punto de vista el desarrollo tecnológico nos especializa tanto que el ciudadano promedio termina embrutecido. De niño, al menos intentaba entender cómo funcionaban las matemáticas memorizando las cuentas simples. Hoy, con el auxilio de la calculadora, ¿quién les presta atención? Para algo se diseñó el aparato, que cuesta muy poco y es más ágil que el cerebro de una persona promedio.

Gracias a Marina Castañeda y a su investigación sobre la atención, descubrí que la capacidad adulta de concentrarse, plena y exclusivamente en un estímulo, es de ocho segundos. Imagínate: ocho segundos, y luego nos distraemos con otros pensamientos, estímulos, acciones paralelas que llaman nuestra atención. Todos realizamos un esfuerzo consciente por escuchar, pero realmente lo que hacemos es oír, registrar y responder, para que no nos tomen por maleducados. En ese proceso, casi nos convertimos en autómatas, que tratan de salir airosos con la mínima atención posible.

Sólo la curiosidad total por las cosas que nos rodean, y el genuino interés por la vida del prójimo, por explorar la naturaleza humana en sus complejas interacciones puede resolver el problema de la atención. Suena difícil, pero quienes mejor escuchan son aquellos que se pasan la vida preguntando. Como dice Miguel Ruiz en su libro *Los cuatro acuerdos*, asumir o hacer suposiciones casi siempre nos traiciona. Mejor es preguntar. A veces, la mayoría de los problemas que creía tener delante no eran tales, sino interpretaciones anticipadas de situaciones potenciales a enfrentar. En realidad, no eran mis problemas los que me encerraban en una prisión de conflicto, sino mis suposiciones. La mente, como siempre, nos puede jugar una mala pasada si no somos sabios conocedores de su naturaleza.

El arte de conversar necesita de intención, atención genuina y tiempo. Para ello, debemos hacer a un lado nuestro ego y sentir que somos vehículos de conexión con el prójimo. Escucha bien quien ama, quien quiere aprender de los otros, quien siente que su vida se enriquece con la experiencia de los demás. Cuando el Rey de España mandó a callar a Hugo Chávez, todo el mundo comentó el evento. El Rey se saltó el protocolo y actuó por sus impulsos. Ese día me pregunté: ¿Cómo será hablar con el Rey Juan Carlos? ¿Qué tanta paciencia tendrá para escuchar mi historia? Esto me hizo pensar en la paciencia que necesitamos para sostener una conversación. No siempre todo nos interesa. A veces hace falta crear un interés —que no es lo mismo que fingir— para mantener una conversación viva. Así actuamos los que disfrutamos una conexión empática con quien nos habla.

Escuchar para compartir

La capacidad de escuchar rebasa la lingüística, el lenguaje, el propio cuerpo. Es mucho menos simple de lo que parece, como casi todo en la vida. Sin embargo, esto no significa en absoluto que sea inalcanzable. Por el contrario, como intento transmitir en este libro, está al alcance de todos.

Recuerdo ahora a unos amigos que decidieron emprender el camino de la Kabbalah, una filosofía antiquísima que enseña a ser como Dios, a desprendernos del ego y entregarnos a una dimensión divina. Franklin Mirabal puso en mis manos *Ser como Dios*, de Michael Berg, uno de los autores más vendidos en Estados Unidos. ¡Qué gran regalo! Leyendo sus páginas, me di cuenta de que, efectivamente, el poder de escuchar es la capacidad para abdicar del ego, de convertirnos a lo espiritual. Los kabbalistas denominan al ego como "el oponente, la inclinación al mal". Es, sin dudas, un bombardero de confusión, deseos insatisfechos, ansiedades, falsos ídolos y desesperación. El oponente es el enemigo del alma. La Kabbalah abre una puerta para despertar del sueño individualista, del interés de recibir solo para nosotros mismos, y anima a compartir la esencia que nos une.

Mientras leía el libro, recordaba la idea utópica del socialismo: "Todos somos iguales, a cada quien según su capacidad, su trabajo". Por eso considero que vivimos en un mundo de confusiones. Nada es lo que aparenta, el supuesto libre albedrío nos ha hecho creer que somos seres independientes, pero en realidad somos prisioneros del ego. El yo egoísta nos encarcela. No nos deja escuchar. No nos interesa la verdad del otro, ni siquiera su posible razón. El mundo nos ha convertido en necios seguidores de una manera egoísta de crear realidades. Buscamos solo una satisfacción que alimente y glorifique nuestra existencia. Algunos hacen caridad para sentirse bien y alimentar sus egos, pero para compartir desinteresadamente hace falta un amor divino como el de Dios.

Cuando conversamos de manera auténtica y decimos "¡qué momento tan especial!", es porque salimos de nuestros egos y se produjo un momento de comunión de nuestras almas. Nos conectamos con nuestra esencia: el deseo de compartir. Recuerdo una noche en que nos reunimos siete amigos. Hubo cena, risas, el tiempo voló. Después de una hora de conversación, Eddie Armas, un ser maravilloso y siempre dispuesto a compartir, expresó espontáneamente: "Brindemos por esta noche. Siento que los conozco desde hace mucho tiempo. ¡Qué energía tan buena, qué entrega tan especial!"

La velada acabó, o más bien la terminé, alrededor de las tres de la mañana, por el compromiso de seguir avanzando, con la disciplina de un escritor novato no muy rígido con sus horas y deberes. Esas siete almas se entregaron, más allá del deseo de recibir para sí mismas, en el deseo de compartir. Constantemente observaba cómo cada miembro del grupo procuraba atender a otro, garantizar que no le faltara nada. Las risas fluían y, en ese ambiente de comodidad, fluían confesiones que habrían requerido años de intimidad. Todos nos hicimos vulnerables ante los demás, contando algún que otro secreto o situación embarazosa. La noche terminó con música y baile. Sentí un elevado nivel de conexión. Estoy convencido que todos hemos experimentado algo similar en nuestras vidas. Son los momentos en los que apartamos las fuerzas del mal, que creen engañarnos. El yo egoísta que llevamos dentro no es un buen aliado, sino el peor enemigo.

El poder de escuchar sirve para liberarnos de las rejas con las que el ego nos encierra, para mantenernos como esclavos insatisfechos. El ego nos nubla la vista y nos separa de Dios, del universo, de la capacidad de ser felices y de escuchar para ser como Dios. El ego nos hace creer que somos dueños de nuestras vidas, pero en realidad nos controla. Con Berg aprendí a preguntarme cuándo la duda, el temor o la ira me embargaban: ¿soy yo o es él?, ¿soy yo o es el oponente, el ego, quien me domina? Como dice el autor, "sabremos que somos nosotros si nos acercamos a Dios". Dios es claridad, concentración, amor. El oponente que se manifiesta en el ego nos desborda con la confusión, la duda maligna, el miedo.

19

El poder de escuchar ayuda a despertar ante las fuerzas del bien. Es algo más profundo que prestar atención, es ver con claridad que vivimos en el reino de la confusión. El antídoto para la batalla de vida o muerte contra el ego es salir de nuestro universo egoísta y adentrarnos en el universo compartido, divino y del amor. En la Kabbalah el ego está vinculado literalmente con la muerte. Como dice Michael Berg en *Ser como Dios*: "El ego es el deseo de recibir solo para sí mismo, una mordedura de serpiente que inyectó veneno en Adán y Eva en el Jardín del Edén y que ha corrido por las venas de los seres humanos desde entonces". Lo que la Kabbalah enseña suena bastante fuerte, pero es la realidad cruda y desnuda: el ego es la energía de la muerte. Nada en el mundo cuesta tanto esfuerzo como luchar contra él, porque la sociedad nos ha convertido en egoístas, egocentristas y, sobre todo, en consumistas. Somos dragones sedientos de satisfacción. Confundimos el éxtasis con la posesión de cosas.

Este libro busca ser un ejercicio de conexión contigo, más allá de un simple encuentro entre desconocidos. Una ventana al enigmático laberinto de la existencia humana, determinada por la capacidad de comunicarnos, imaginar y transformar nuestra realidad.

Capítulo 2

~

La gente y yo

Mi amiga Laura está en la consulta de maternidad. Es su sexto mes de embarazo y todo transcurre con total normalidad. Una vez más, su doctor le dará la oportunidad de ver a su bebé a través de la ecografía. Es madre primeriza y, aunque con 36 años se siente preparada para un gran cambio, sabe que el futuro que ha imaginado como madre soltera es solo una película. En unos pocos meses, su vida tendrá un propósito diferente y muy real: ser madre.

Como casi todas las niñas, había soñado con llegar al altar vestida de blanco, casarse para toda la vida con un príncipe azul y criar con él una linda familia. Era la historia que había escuchado en los cuentos de hadas y la reprodujo en su propio discurso mental durante muchos años.

Sobrellevó la frustración de llegar a los 30 sin casarse, de que su boda a los 32 no fuera de blanco —y ni siquiera fuera una gran boda, ya que el novio se había divorciado dos veces y no quería tener hijos. Sin embargo, el tema no surgió hasta más tarde, cuando ya había invertido demasiado en la relación. Por supuesto, el matrimonio no funcionó, y Laura —según me cuenta— le hizo caso al corazón y decidió aceptar el reto de ser madre.

A pesar de que ella y Arturo —el hombre del que se enamoró, luego de llevar divorciada unos años— se habían protegido para no concebir, milagrosamente quedó en estado. Cuenta que lo primero que sintió fue una dicha inmensa, como si algo maravilloso e inexplicable se hubiera apoderado de su cuerpo. Quizás, más que vivir un cuento de hadas, Laura siempre había querido ser madre. Con sus 36 años estaba planteándose salir de Cuba. Decía que una razón para no haber sido madre todavía era que quería establecerse en otro lugar del mundo donde hubiera más libertad.

Un día en que nos reunimos, me contó lo que le había sucedido: una tarde, sentada sola en su casa, escuchó una voz infantil, tierna y lejana, que le susurró: "Mamá, ya estoy contigo". Primero creyó que era real, llegada del mundo físico que le rodeaba. Pero sabía que aquello era imposible: en las casas vecinas no había niños. Fue una sensación sumamente rara, inquietante, pero intentó dejarla ir como quien ve correr el agua de un río. Recuerdo muy bien esa historia, porque en esos años estábamos muy conectados espiritual y físicamente. La magia seductora de la ciudad donde coincidieron nuestras vidas, La Habana, permitía una unión mucho más profunda.

Me contó la historia tres días después, sentados en el legendario Malecón habanero, mientras nos confesábamos sueños y aspiraciones compartidas con un futuro incierto. Había escuchado voces antes, pero esta vez era diferente. Se trataba de la voz de un niño y con un mensaje dirigido precisamente a ella: "Mamá, ya estoy contigo".

Al cabo de 15 o 20 días, cuando nos encontramos de nuevo, me preguntó:

—Ismael, ¿recuerdas la voz del niño?

—Claro, cómo olvidarla, con toda esa fuerza y emoción con que me lo contaste... ¿Qué pasó?

—Pues nada... que estoy embarazada. Comencé a sentir extraño el cuerpo y fui al médico. Me quedé tiesa de pies a cabeza cuando el doctor me dijo que estoy esperando un niño.

Entonces comenzó a llorar, pero sin emitir sonido alguno. Fue como un manantial de agua fresca que le brotaba de los ojos. Lloraba plena de felicidad. Nunca vi a nadie llorar así. A partir de ahí, entendí que hay propósitos en la vida que Dios y el universo guardan para quienes de verdad piden y necesitan. Este era un bebé-milagro. No nacería en el seno de una familia tradicional, pero el amor le sobraría por todos lados.

Seis meses después, ahí estaba yo junto a ella, en la consulta de su obstetra. Laura cuidaba cada detalle del embarazo, y de vez en cuando decía: "Quiero ser una madre madura, muy saludable, para este angelito que Dios me ha mandado".

El doctor le dijo:

—Veamos cómo va todo...

Le untó gel en el abdomen, frotó levemente y fue buscando con el mando de la máquina ecográfica hasta encontrar el ángulo perfecto para captar una imagen. Laura estaba feliz, su rostro irradiaba un gozo divino.

—Ahora tratemos de escucharlo —dijo el médico.

Laura añadió:

—Sí, doctor, lo oiré de nuevo. Ya me habló, fue él quien me dio la noticia con un susurro al oído.

El doctor contestó con una discreta sonrisa:

—Pues bien, ahora vas a escuchar los latidos de su corazón.

Le puso el estetoscopio y comenzó a buscar los latidos, con esa sensación de paz y armonía que irradia un bebé aún en el vientre de su madre. Laura cerró los ojos y las lágrimas volvieron a brotar, en una experiencia conmovedora y absolutamente íntima. Desde afuera, parecía que su cuerpo se había transformado en una fuente de luz. Su rostro reflejaba una serenidad que no era terrenal.

—¿Qué te ha conmovido más, la imagen de la ecografía o los latidos de su corazoncito? —le preguntó el doctor.

—Verlo fue una experiencia sublime, pero escuchar su corazón es algo fuera de lo real… No sabría explicarlo. Me transporta a una dimensión divina, más allá de lo físico.

—Te entiendo perfectamente —le dijo el doctor—. Siempre hago esa pregunta a las madres. La mayoría asegura tener una conexión emocional más profunda cuando cierran los ojos, como hiciste tú, y escuchan los latidos del corazoncito de su bebé.

Laura es un ser muy espiritual. Al escuchar los latidos del corazón, ese vínculo con su hijo se estrechó todavía más. Para ella, escucharlo, tanto en el plano espiritual como físico, fue su primera experiencia como madre y el inicio de una etapa superior de desarrollo humano.

Quizás por haber percibido tan profundamente el valor de escuchar, siempre repetía:

—Ismael, si alguna vez tuviera que ceder unos de mis sentidos para salvar la vida de un ser querido, donaría cualquier cosa menos el oído. Nunca antes me había puesto a pensar en eso. Sería el único sentido que no estaría dispuesta a ceder.

Afortunadamente, a mí no me tomó mucho tiempo llegar a la misma conclusión. Laura tuvo un niño hermoso. De vez en cuando nos vemos, y hablamos sobre cómo nos va la vida.

Escuchar: Una necesidad íntima

De todos los sentidos, el de la audición es mi favorito. La capacidad de escuchar correctamente, la verdadera audición, es venerable. Uno de los umbrales mágicos de la realidad humana es el que se produce entre el sonido y el silencio. "No puedes enseñar nada a nadie. Solo haz que se den cuenta que las respuestas están ya dentro de ellos, en su interior". Esta frase, del famoso astrónomo italiano Galileo Galilei, es una premisa fundamental en mi vida. Porque muchas de las respuestas que he buscado desesperadamente las encontré en mi propio camino. Descubrí, con asombro, que todo aquello que quería aprender, o que otros querían enseñarme, ya estaba dentro de mí. A ti también te sucede, aunque quizás no te hayas dado cuenta. Descubrir esas respuestas es un acto de autoiluminación. El misterio de escuchar se manifiesta así: cuando nos damos cuenta de que ya somos portadores del mensaje y la sabiduría.

Saber escuchar debería elevarse a la categoría de las bellas artes. Es una habilidad rara, pues desde siempre el ser humano ha sentido la necesidad de comunicarse, de transmitir sus emociones e inquietudes, y de ser escuchado. Es parte esencial de nuestras necesidades básicas, al igual que sentirnos importantes y reconocidos por los demás. Esto nos permite reafirmarnos como personas. Consciente o inconscientemente, sentimos la necesidad de que nos tengan en cuenta. La opinión de los demás nos influye, nos valida y nos hace sentir importantes. Delante del espejo de nuestra propia existencia, no podemos negar que estamos aquí porque valemos, importamos, significamos algo.

Muchas personas pierden la brújula cuando este reconocimiento se desvanece. Recuerdo el triste caso de una compañera de estudios que saltó desde un puente porque su novio la había dejado por otra. ¡Descansa en paz, Roxana! Todos hemos escuchado trágicas historias pasionales como ésta. **Todos sentimos la necesidad de vivir con un propósito.** Y de ahí que cada ser humano anhele ser escuchado, para corroborar que es un ser único, sin igual, una pieza irrepetible del rompecabezas universal. Por eso, ser escuchados va más allá del deseo superficial de ser tenidos en cuenta o apreciados. Que nos escuchen es una necesidad íntima, genuina y humana. La mayoría llegamos a este mundo programados para expresar, reclamar, quejarnos — la lista de verbos podría incluir algunos bastante negativos.

Somos una sociedad de estatuas parlantes. Pensamos en lo que tenemos, debemos o queremos decir. Invertimos una enorme cantidad de tiempo pensando lo que no nos conviene decir, lo que podemos expresar para lograr algo de otra persona, cómo hacerlo, qué palabras emplear para seducir. ¿Cuánto tiempo dedicamos a la concentración mientras escuchamos al que habla? **Invertimos tanto hablando, ¡que estar callados es apenas un receso para volver a la carga!** De ahí que la escucha interactiva sea todo lo contrario: abierta, generosa e inquisitiva. Con ella, dedicamos energía a sumergirnos en el mundo de quien nos habla, a sabiendas de que es la única forma real de aprender. Es una especie de "juego" muy sofisticado e interesante: escuchando de forma activa-participativa, trabajamos cada segundo de la conversación para adaptar y alinear el diálogo a las perspectivas del interlocutor. No es una confrontación en busca de un ganador, sino un encuentro de mentes y espíritus.

Durante una de mis temporadas en Atlanta iba a misa cada domingo. Quería, de manera consciente, sentarme a oír la palabra de Dios, escuchar al sacerdote y, al mismo tiempo, disfrutar de ese espacio de paz y serenidad que brindan los templos. Una vez, al terminar el servicio, pregunté a una señora con la que había hecho cierta amistad:

—Bueno, ¿y qué tal el sermón de hoy? El padre ha mezclado la palabra del Evangelio con sucesos de actualidad. Es un paralelo bastante interesante, ¿no cree?

Ella me miró atónita.

—Perdón… ¿de que habló el padre hoy?

Más atónito quedé yo.

—¿Pero usted no escuchó?

La señora me respondió:

—No, hijo. La verdad es que en la misa hago un repaso mental de la semana: qué hice, qué me sucedió, me pongo a recordar los momentos en que quizás no actué como hubiese querido. Durante el sermón me confieso con Dios… Pero, la verdad, es que no escucho mucho lo que dice el padre.

Creo que esto nos ha pasado a todos. Quizás podemos recordar ahora mismo algunos momentos de ausencia, de desconexión con la realidad. Al menos a mí me ha sucedido muchas veces. En parte, esas experiencias me inspiraron a escribir este libro. Como una catarsis, un autoestudio para centrar mi propia atención. El problema no es únicamente mío, sino de todos los que creemos ser buenos oradores y elocuentes interlocutores. Los comunicadores vivimos de la palabra, pero ésta a veces se convierte en nuestro verdugo. Durante la investigación leí que las personas de buen hablar tienden a no ser buenos escuchas. ¿Por qué? Porque siendo extrovertidas se centran en darse a conocer y prestan poca atención a conocer a otros. **Los buenos escuchas, por el contrario, suelen ser más introvertidos**, sienten menos necesidad de proclamar al mundo lo que piensan. He leído que estos últimos tienen más probabilidades de ponerse en el lugar de los demás, para ver las cosas desde ese "otro mundo". Muchos comunicadores enfrentamos el reto de invertir más energía y tiempo en escuchar sin renunciar al don de la palabra.

Un misterio de la naturaleza humana

El ser humano no es el único que se comunica y vive en sociedad. También lo hacen las hormigas, los delfines, las abejas, los primates y otros animales que viven en manadas o grupos de proximidad. Lo que nos diferencia de esas especies sociales es la imaginación, la capacidad de asumir y recrear lo que otros seres humanos están pensando, sintiendo y hablando. Por supuesto, es más complicado e iluso creernos capaces de averiguar qué podrían estar pensando o sintiendo otros sobre nosotros. ¡Vaya si nos creemos superdotados!

Según Alejandro Schejtman y Gerardo Woskoboinik, que dictan un curso sobre concentración y audición, hablamos en promedio a una velocidad de 125 palabras por minuto, y tenemos la capacidad de escuchar aproximadamente 400 palabras en ese mismo lapso. Como ves, existe una marcada diferencia. De manera natural, nuestro cerebro está mejor equipado para escuchar que para hablar. Quizás eso explique por qué con frecuencia me dejo llevar por la irresistible tentación de hablar por teléfono y, al mismo tiempo, atender la pantalla de mi computadora, buscar papeles, ordenar comida y continuar con las dísímiles tareas del momento.

Michel Damián Suárez, escritor y periodista que me conoce desde la adolescencia, tiene la suficiente confianza como para decirme, cuando hablamos por teléfono:

—Te siento teclear mientras hablas, no me estás prestando toda tu atención.

En ese momento, reconozco que estoy siendo egoísta con mi tiempo y le digo:

—¡Perdóname! Si estás llamando desde Madrid, lo menos que puedo hacer es atenderte plenamente…

Una comunicación efectiva depende en gran medida de la disposición a escuchar con empatía, interés y generosidad. No importan las situaciones o circunstancias de tu vida, sean de crisis o abundancia, dolor o felicidad. Comunicarnos mejor, prestar oído y concentrarnos en los demás contribuyen de una manera armónica a atraer lo que queremos en nuestras relaciones interpersonales.

Dentro del planteamiento de este libro, **escuchar no es solo una técnica de comunicación profesional, sino una filosofía de vida**. Personalmente, puedo dar fe de que escuchando he crecido, he mejorado en mis relaciones con los demás, he aprendido algo nuevo cada día y he resuelto muchos problemas. Cuanto más he escuchado con atención, menos frustraciones y reveses he sufrido. La primera premisa para escuchar bien, sin dudas, es esta: prestar atención. Si el cerebro puede procesar 275 palabras más por minuto que las que emite la boca, la tendencia es a llenar ese vacío con pensamientos zombies —como yo les llamo— porque muchas veces ni sabemos cómo llegan a nuestra mente, ni qué los hace dignos de irrumpir en la conversación.

Tú y yo estamos conversando ahora, ¿no es cierto? ¿No se te han ocurrido algunos pensamientos zombies durante este diálogo? Detente y evalúa tu propio grado de concentración. Precisamente, una de las excusas que me di para escribir este libro es que sería una oportunidad para conversar con un escucha excelente: tú, mi lector/a. Me siento a escribir y pienso con entusiasmo que lo hago para ese interlocutor ideal, alguien con la capacidad de escuchar bien, que yo, creo, estoy lejos de alcanzar.

La mayor parte del tiempo —salvo en momentos intensos de la vida, donde cubrimos lo que nos interesa desde todos los ángulos: visual, auditivo y emocional— cuando escuchamos a alguien, lo hacemos de manera parcial, mientras simultaneamos muchas otras ideas, organizamos el día, pensamos en lo que pasó horas atrás o planificamos qué decir a continuación. Pero si el cerebro puede procesar más, entonces eso justifica los vicios de comunicación que muchos tenemos. Sin embargo, si estás leyendo estas palabras y sientes la verdad de lo que dicen, al menos se ha levantado una banderita roja que te impulsará a realizar acciones conscientes para superar una "deficiencia de fábrica".

Siento que ser entrevistador ha equilibrado el desaforado torrente de palabras que trae consigo mi profesión original de locutor de radio y televisión. En esas actividades, el foco de la comunicación está en hablar, ser elocuente y seducir con una especie de diluvio verbal bien presentado. Sabes que hay alguien recibiendo tus palabras, pero también que en ese momento nadie del público interactuará contigo.

Hoy, tras años de carrera como entrevistador, entiendo que **prestar atención es la regla cardinal de quien escucha, y por ende de una comunicación efectiva.** Hay que escuchar las palabras —cada palabra— procesar su significado, ponerlas en contexto y, por si fuera poco, entender la naturaleza de quien las emite. La palabra "hermoso" no tiene el mismo significado si la expresa Juan, María o Luis; tampoco pesa de igual forma si esas personas están disgustadas, felices, nerviosas o satisfechas. En cada caso, el efecto es bien distinto. El proceso inteligente de la escucha activa bastará para llenar los vacíos del cerebro, que se copan de pensamientos errantes. Si dedicas tiempo a la práctica de la escucha activa, te darás cuenta cuándo tu mente y atención se diluyen. Entonces oirás también la alerta que te llama a reenfocarte en el presente, en el instante de la escucha.

Receptividad y confrontación. Todo mezclado

Es fácil entender estos principios básicos, pero bastante difícil escuchar activa y adecuadamente si nuestras conversaciones tienen un propósito firme (fijación con una idea, deseo de convencer a otro o de conseguir algo, etcétera) y están determinadas por nuestro ego. La comunicación efectiva es abierta y receptora y está determinada por el interés de escuchar el punto de vista del otro, no sólo de exponer o (peor aún) imponer el nuestro.

Si para entablar un diálogo solo nos basamos en nuestra agenda, seguramente no seremos capaces de escuchar el mensaje del interlocutor. Obviamente, cada uno tiene metas, propósitos e intereses en la conversación, sobre todo si la interacción trae como resultado una acción o decisión. No se trata de no esperar un resultado —ni tampoco de desechar nuestro punto de vista— sino de dejar temporalmente al margen nuestras metas e ideas, mientras la otra persona expone las suyas, para escucharla con la atención que merece. Se trata básicamente de ser receptivos, de la misma manera en que aspiramos a que los demás sean receptivos con nosotros.

Te puedo decir que he experimentado en carne propia los beneficios de la receptividad mutua. A lo largo de mi carrera como comunicador he realizado más de mil entrevistas en profundidad y puedo asegurarte que los mejores resultados los he conseguido cuando he permitido que el entrevistado exprese cómodamente sus puntos de vista. Luego, naturalmente, los confronto, cuestiono o apoyo, pero primero los escucho con atención. Hay que llegar a la conversación sin ideas preconcebidas; lo peor es establecer un guión cerrado. Uno va con información e ideas propias, pero con la mente abierta para ver qué dice la otra parte.

Piensa siempre en los puntos que vas a expresar, como una referencia, y úsalos como tal. Anótalos, si es necesario. Así no los olvidas y te preparas mejor (a veces lo hago hasta para una reunión de trabajo). La conversación bien llevada, o la entrevista bien conducida, es como una balanza: de un lado están tus expectativas de intercambio de ideas; del otro, la posibilidad de mantener una relación en armonía. **Del choque de posiciones cerradas, en el que ninguna parte es capaz de escu-**

char a la otra, no surge nada positivo. Ni una conversación satisfactoria, ni una entrevista provechosa.

La comunión de los implicados

Mucha gente habla del amor a primera vista. En muchos casos, podemos referirnos a la interrelación mágica, a la comunión entre dos personas cuando se produce una conexión extrema e instantánea. Esto no se da solo en el amor. Muchas amistades se sellan en un primer encuentro y otras necesitan de más interacciones. Los encuentros de *clic* inmediato son poderosos.

Cuando viajo y tengo oportunidad de contactar con personas desconocidas, me ejercito en una aventura humana fascinante: conectar con ella en un nivel alto de intimidad y seguridad. Los estudiosos de las relaciones interpersonales señalan varios catalizadores en el proceso mágico de las conexiones instantáneas. De hecho, hace poco leí un libro excelente sobre el tema, el éxito de ventas *Click: The Magic of Instant Connections*, de Ori y Rom Brafman. Los autores mencionan varios factores o aceleradores que en diferentes situaciones de la vida ayudan a crear una conexión emocional a primera vista: vulnerabilidad, proximidad, resonancia y similitud.

En nuestra agitada vida, a veces nos colocamos entre la espada y la pared por la necesidad de conectar, de manera inmediata, con mucha gente con la que interactuamos. En mi profesión, al conversar a fondo con los invitados, **el propósito es crear una primera impresión de seguridad, amabilidad, respeto y empatía**. ¡Y generalmente para esto solo tengo 30 segundos! Lo demás va surgiendo con las palabras. Pero esa primera impresión es definitiva. Rara vez tenemos la oportunidad de crear una "segunda primera impresión". Es esencial que nunca deseches la primera, pues en las conexiones de primeros encuentros el misterio de escuchar podría ofrecer su mejor resultado.

Escuchar es un ejercicio fascinante y un gran misterio. Escucho con atención a los personajes que entrevisto, porque esa hora de diálogo es una ventana para descubrir quiénes son. Tú también, cuando converses y escuches a alguien, ve más allá de lo auditivo: explora su lenguaje corporal, su tono de voz, su cadencia y velocidad. Ponle colores a su discurso. Muchas veces, sin proponérnoslo, bajo las palabras encontramos emociones y necesidades —la esencia de las personas. Escuchar, como dije antes, es un acto de comunión: tal como sucede en la liturgia, la comunicación tiene lugar tras escuchar la palabra de Dios. También lo es una buena conversación que deja la sensación de conexión especial con otra persona.

La manifestación más concreta de que escuchamos a un interlocutor es un acto de lenguaje corporal: prestar atención. Sin embargo, no siempre es fácil, ya sea por culpa nuestra, por el carácter y el tema de la conversación, por las circunstancias o por la naturaleza misma del otro. Una técnica para prestar completa atención, que empleo en mi programa de televisión, es repetir mentalmente lo que escuché, como si fuera una imagen *replay* de un partido. Si no entiendo del todo lo que dice, enseguida pido una aclaración. Pedir explicaciones o aclaraciones constituye una prueba de que nos interesa lo que alguien está contando. Lo apreciará como muestra de que se ha formado entre ambos una comunicación especial; lo que yo denomino la "comunión de los implicados". **Quienes conversan y se**

oyen con atención, se convierten en un equipo capaz de generar y crear ideas y relaciones nuevas.

Cuando preguntamos sobre algo que no está demasiado claro, la respuesta suele sorprendernos con nueva información. Seguramente, estos otros temas nos faltaban para entender a cabalidad la idea planteada por el otro y armar el rompecabezas de sus argumentos. Tampoco sobra un poco de ayuda de nuestra parte, para que el otro logre expresar su idea cuando lo escuchamos. En este sentido, uso también con frecuencia la "técnica de la pala". Es muy sencilla, consiste en dar un ligero empujón al que habla, poniéndolo frente a su propia idea, expresada con otras palabras (las mías), para que la reafirme o la aclare.

Mis televidentes posiblemente lo han notado. Cuando algo no me queda lo suficientemente claro, digo: "Entonces, lo que estás diciendo es que…", y luego expongo mi propia idea del asunto, según lo planteado por el entrevistado. La persona tendrá la opción de decir: "Así es", "es correcto", o "no, lo que quiero decir es que…", "es precisamente lo contrario de eso…". Así despejo la duda, el público ve el tema con más claridad y le hacemos un favor al entrevistado, ayudándolo a exponer su punto de vista.

En ocasiones, es inevitable que un tema o una persona en cuestión nos aburra, o simplemente, no nos interese lo que se habla. En esos casos, hay estrategias muy eficaces para mostrar interés, aunque no lo sintamos. Mantener el contacto visual, no cruzar los brazos y preguntar algo que eleve la conversación a otro nivel pueden encender el "chispazo" necesario para avanzar y despertar tu interés. También contribuye a que el interlocutor se entusiasme y dé a sus ideas un tono más atractivo o exponga temas más interesantes. De todo ser humano podemos aprender algo. Pero debemos encontrar aquello que motive a la persona con la que interactuamos.

Tu curiosidad puede ser un motor que despierte ideas brillantes en la conversación. Los grandes genios de la historia, más allá de sus conocimientos, han tenido una curiosidad extraordinaria. No han sido solo almacenadores de conocimientos y recitadores de citas textuales, sino seres creativos y siempre curiosamente insatisfechos. Conozco a muchas personas cultas, repletas de datos, fechas y teorías, que no usan la información con creatividad. Su conversación no pasa de ser un monólogo en el que se escuchan a sí mismas. Sin embargo, otras, con menos conocimientos, alimentan una curiosidad extrema y saben enlazarse en las conversaciones: siempre quieren saber más y confrontar sus experiencias con otros. Así, abren su creatividad al universo. Es un verdadero placer conversar con personas que nos toman en cuenta, porque se nota cómo aprovechan lo que decimos. Para ellas, conversar es una aventura, una exploración divertida y enriquecedora. Seamos audaces, inquisitivos y curiosos.

Las conexiones instantáneas

Cuando alguien me pregunta por qué la gente acepta discutir asuntos personales en público en mi programa de televisión, suelo decir que lo hacen porque no se sienten juzgados (como pasa demasiado en nuestra sociedad) y pueden mostrarse tal y como son. En este sentido, el entrevistado y yo estamos en igualdad de condiciones. **Considero que una formulación básica del oficio es mostrarnos tal como somos**, pues es la única manera de penetrar en la verdad de los demás. Para escuchar y ser escuchado debemos ser nosotros mismos, sin prestarle demasiado interés a quienes estiman que la vulnerabilidad nos quita fuerza y nos coloca en desventaja. Quizás, en alguna circunstancia particular de la vida, haya que "esconderse" un poco, pero nunca cuando deseamos conexión e intimidad con alguien.

De hecho, si nos fijamos en el éxito de los programas de telerrealidad, vemos que el triunfo radica en mostrar a las figuras como seres humanos imperfectos. Cuando hablo sobre este fenómeno televisivo, siempre acuden a mi mente historias polémicas. En Venezuela, donde he encontrado a un público muy afectuoso, a menudo me preguntan: "¿Qué se siente al pasar de entrevistador a entrevistado, de periodista a celebridad?" Siempre sonrío, discrepo moderadamente sobre lo de "celebridad" y aclaro: "Lo único que pido es que si quieren colgarme el título de celebridad, no me incluyan en la misma categoría que la popular Kim Kardashian, reina de la telerrealidad, que ha vendido su boda, divorcio y muchos eventos de su vida".

Mucha gente está cerrada al mundo exterior y no comparte su esencia. Les resulta muy difícil encontrar conexiones instantáneas, que es donde yace la magia de la vida. En mis entrevistas, y en la vida, he constatado que compartir mis miedos, limitaciones y debilidades, con el objetivo de crear una conexión inmediata, me ha abierto más puertas que las que me ha cerrado. No sugiero que vayas por el mundo proclamando tus problemas y frustraciones, pero sí que cuando conozcas a alguien que te interese, desde cualquier punto de vista (amoroso, amistoso, profesional), te muestres más humano a la hora de compartir las imperfecciones. Así se multiplicará tu habilidad para conectar con los demás.

El consejo de Elvis Crespo

Durante la entrevista en *Cala* con el merenguero Elvis Crespo, alguien de su entorno me pidió que no mencionara un incidente recientemente sucedido. Supuestamente, una pasajera sentada a su lado, en un vuelo Houston-Miami, lo vio masturbándose. El suceso estuvo en las noticias durante varias semanas, y ahora yo tenía a Elvis por primera vez en el programa. Aunque en lo personal no me interesaba el tema, sí sabía que la audiencia no me perdonaría ignorarlo. Después de aclararle a esa persona que la política de la empresa no permitía interferencias en el contenido editorial, le dije:

—Pero no se preocupe. Le aseguro que Elvis se sentirá cómodo en la entrevista.

En verdad, como entrevistador, mi interés no es juzgar ni mucho menos incomodar a mis invitados. Esa no es mi función. Sin embargo, se había hablado tanto del supuesto incidente que le debía al público al menos una alusión. Le dije la verdad sirviéndome del humor, como si fuera una conversación entre conocidos, un estilo mejor que el de entrevistador puro. No lo interrogué sobre el tema, sino que le hablé de modo coloquial. Él ratificó que sus asesores legales le tenían prohibido ofrecer detalles, afirmar o negar el incidente. Al ver que la conversación había tocado un punto dramático, esbocé una sonrisa y le dije confiadamente:

—Elvis, tu vuelo era sólo de cinco horas… Te confieso que a mí, en vuelos más largos, de ocho o nueve horas a Europa, se me pasan por la cabeza todo tipo de cosas… ¡Ya no sabes qué inventar, después de tanto tiempo metido en ese tubo! ¡Y sin poder salir!

Su carcajada suavizó la situación. Y entonces fue él quien me aconsejó:

—Caramba, Cala, cómo va a ser eso… Llévate un DVD, una película, ¡un disco mío!

El humor relajó la escena, y logré que Elvis mencionara el tema tabú. Al final, le aclaré, como si a la vez le aconsejara.

—Bueno, mientras se quede en los pensamientos y no pase de ahí, estamos protegidos.

Elvis siempre negó el incidente del avión. Finalmente, la fiscalía desestimó los cargos en su contra. Yo no lo conocía personalmente y quizás eso permitió un intercambio fácil sobre un tema difícil. Me fascina la comunicación entre desconocidos y creo que tengo habilidad para promoverla. De hecho, es una de las cosas que más disfruto, personal y profesionalmente: escuchar a alguien de cuya vida y esencia no tengo ni la más remota idea. Cuando viajo en avión, me encanta la conversación imprevista con cualquier vecino de asiento. Hablo con el conductor en el trayecto hacia el hotel. Siempre he pensado que es una manera muy divertida de aprender de los demás, de interactuar con otra cultura en un ambiente informal.

¡Taxi, taxi…!

Una vez viajé a Murcia, en España, para ver a mi tío Rubén. Al llegar a la estación de tren, tomé un taxi. El conductor era un muchacho joven (luego me dijo que tenía 29 años). Cuando comenzamos a conversar, me preguntó todos los pormenores: quién era, qué hacía, de dónde llegaba… Yo le pregunté lo mismo, en ese estilo de las típicas conversaciones iniciales entre desconocidos, que no comprometen mucho en conexión emocional. El tramo hasta la casa de mi tío fue breve, unos 15 minutos, pero suficiente para despertar un interés en saber más de nuestros países, vidas y familias. Él estaba casado, sin hijos, era de ascendencia francesa y se interesaba por saber más sobre Cuba y cómo se vivía allí. Le aclaré que hacía un largo tiempo que no vivía en la isla, pero sí durante seis años en Canadá y luego en Estados Unidos. Hablando así, quedamos en que debía hacer una excursión por la costa, para conocer el maravilloso sureste español. Me hizo un precio por llevarme y quedamos para la tarde siguiente.

Al bajarme del taxi, creí tener la sensación de que ese hombre, cuya historia resumida escuché con atención, ya no era un desconocido. Nos contamos parte de lo que quisimos, y eso bastó para establecer una relación de conocidos. Al día siguiente, durante la excursión de cuatro horas por la costa, nuestras historias se entrelazaron. Hablamos de gustos, aficiones, creencias y costumbres. En un momento, me dijo:

—¿Sabes? Necesitaba un oído como el tuyo que fuera capaz de escucharme.

—¿Qué quieres decir? —le pregunté.

—Sí, fíjate: habitualmente mis conversaciones en el taxi son muy superficiales. ¿Cómo está el clima? Política, música, y cuando llego a casa, mi mujer me reclama que no estoy demasiado tiempo con ella, que me la paso trabajando. Y luego tengo el conflicto de la italiana, que tampoco me escucha... ¡Es una cotorra que no se calla!

—¿Quién es la italiana? —pregunto.

—Ah, es una bailarina exótica, mi novia, pero me está exigiendo más de lo que acordamos. Ella sabe que tengo esposa y que quiero establecer una familia.

—Ah, vaya… ¡pero tú sí que tienes secretos!

Nuestra conversación se extendió largo rato. Cuando me trajo de vuelta, redujo el precio del viaje a la mitad y me dijo riendo:

—¡Creo que soy yo el que debo pagarte por haberme escuchado cuatro horas seguidas!

—Bueno, mi trabajo es escuchar. Me dedico a hacer entrevistas. Y como estoy convencido de que el secreto de una buena conversación es escuchar bien al otro, eso es precisamente lo que he hecho contigo.

—Pues entonces ya estás acostumbrado. Me siento mucho mejor. Gracias.

Podría contar decenas de historias similares, vividas en distintas partes del mundo. Por ejemplo, el 1 de enero de 2009 llegué solo a Londres, donde no conocía a nadie; pero el día seis ya estaba cenando en un restaurante thai con cinco nuevos conocidos de distintas nacionalidades. ¡Me parecía que estaba en una reunión de la ONU! Cuando ejercitamos conscientemente el misterio de escuchar, el milagro de la conexión empática nos proporciona bendiciones en forma de amigos, abundancia, amor, salud física, emocional y, finalmente, felicidad. Por eso, el misterio de escuchar es una buena premisa para abandonar la egocéntrica filosofía de "vivir por el ser que soy", y abrirnos al "vivir por el ser que puedo llegar a ser". **La interacción profunda con los demás permitirá que, poco a poco, la sabiduría te vaya iluminando a lo largo de la vida**, mejorando el diario vivir y ayudándote a tomar decisiones acertadas, a ser mejor padre, hijo, colega, líder y seguidor. Así, escuchar se convierte en la mejor manera de elevarnos como seres de luz, amor, progreso y abundancia.

El escucha creativo

En la vida aprendemos a adaptarnos al medio, a comportarnos con propiedad, a conectarnos en el nivel, tono y ambiente que se nos exige en determinadas circunstancias. Por ejemplo, mientras escribo, recuerdo que necesito un tuxedo para una importante gala benéfica a la que me ha invitado Emilio Estefan. La invitación dice muy claro "black tie": corbata negra, es decir, traje de etiqueta. La verdad, no es mi prenda preferida, pero las reglas ya están fijadas e intentaré no romper el protocolo.

Adaptarnos al medio también es una manera de conectar. En cada situación, la mayoría de los seres humanos nos monitoreamos para captar la realidad en la que estamos, y ajustarnos, sin perder la personalidad. Cuanto más desarrollemos habilidades para escuchar el entorno, más fácil será la conexión exterior. Por ejemplo, llegas a una sala de reuniones y, casi sin notarlo, empiezas a hacer chistes con una amiga del trabajo. De pronto, te das cuenta de que los ejecutivos están hablando en voz baja. Tú, por el contrario, desentonas en el ambiente, donde hay personas de más autoridad. Inmediatamente, como la mayoría de la gente, monitoreas el entorno, captas su esencia y respondes bajando la voz y abandonando las risas. El momento dicta seriedad y debemos adaptarnos, para no desconectarnos de los demás. En tales situaciones hay que actuar como un espejo del entorno.

Cuando nos interesamos a fondo por lo que alguien dice, dejamos al descubierto un canal de acercamiento a su espacio, a su terreno, a su zona. En mi experiencia, esto es importantísimo para escuchar y entender la realidad. El éxito de un buen líder, político, abogado, psicólogo, madre, hijo, amiga, en fin, de cualquier ser humano, radica en desarrollar la capacidad de escuchar el entorno. Una capacidad que va más allá del sonido. Se trata de una especie de lectura radiográfica, casi una ecografía del ambiente. Es como cuando alguien se asoma a la ventana, comprueba la temperatura y decide si lleva abrigo o no. Esa capacidad de escuchar con "todo" —con los cinco sentidos, pero también con el alma y el corazón— es tal vez la que usan los negociadores en conflictos con rehenes.

Los negociadores tienen la destreza para seducir al secuestrador, crear una situación especial, sacarlo del lugar común y colocarlo en una atmósfera distinta, donde establecen un enlace profundo. El experto conecta en la frecuencia de su interlocutor y crea el ambiente perfecto para la disuasión u otras opciones. El negociador confecciona un "traje a medida", usando los retazos de todas las circunstancias. Esto le permite abandonar cualquier actitud previa de intolerancia al diálogo y ver las cosas desde otra perspectiva.

Los escuchas creativos que se adaptan a la personalidad del interlocutor y al entorno, y que podríamos denominar "escuchas-espejo", son personas absolutamente genuinas y con firmes principios. En parte, tales características contribuyen a una personalidad equilibrada, generosidad intelectual y carencia de egoísmo. Todo esto les permite ajustarse a los demás y a los diversos ambientes. Son personas a las que de verdad les interesa conversar, no como un ejercicio social, sino como una necesidad interior de compartir, una curiosidad humana admirable.

Simplemente, son seres humanos que, ya sea por causas naturales o por elección personal, han desarrollado el "tercer oído", una capacidad especial para sintonizar con los demás. Como el músico nato, que nace con oído y toca de memoria las piezas más complejas, el escucha-espejo puede escuchar, sentir y entender el tono de comportamiento que una situación reclama, así como el tono particular de un interlocutor. Esto es importante para que el otro se sienta cómodo y reconocido.

Hace poco, en uno de los vuelos más divertidos de mi vida, conocí a alguien así. Viajaba a Santo Domingo, con mi productor, Bruno, en la primera fila de clase económica. Una asistente de vuelo —cuyo asiento para despegue y aterrizaje estaba frente al mío— me reconoció y comenzó a hablarme. Como si volara cada vez más alto, al igual que el avión, su conversación se fue haciendo más agradable e interesante.

Marta (llamémosla así) es una mujer muy sociable, que disfruta mucho de su trabajo y comparte con todo tipo de gente. Nos contó anécdotas muy graciosas, nos habló de su vida y nos preguntó sobre las nuestras. Además, mencionó algunos famosos con los que ha conversado en sus viajes. Marta es realmente una experta en conversaciones interesantes. Lo genuino de su personalidad me atrajo sobremanera, y eso me animó a continuar preguntándole. Incluso en algunos aspectos íntimos, puso su vida a nuestra consideración. Además, nos presentó a otra compañera, de primera clase, que dedicó tiempo a la conversación.

Al final, cuando aterrizamos en Santo Domingo, nos dio las gracias y nos regaló una bolsa con licores, barras de chocolates, nueces y cuanta golosina tenían en el avión. ¡Me sentí como si realmente saliera de un supermercado y no de un corto vuelo de Miami a Santo Domingo! Es un viaje que no olvidaré, gracias a la suerte de haber tenido cerca a aquella escucha-espejo. Son personas que, sin duda, pueden transformar horas de tu vida en un verdadero deleite.

Así he conocido muchos seres interesantísimos que, si bien no forman parte de mi círculo íntimo, son excelentes personas con quienes puedo compartir de manera plena, aunque no nos veamos con frecuencia. A menudo, la aparente fragilidad de una conexión —por ejemplo, porque no hay contacto asiduo— tiene un efecto multiplicador. Dicen que el perfume bueno viene en frascos pequeños, y así es en estos casos: aunque no estemos en contacto durante largos períodos, esos encuentros proporcionan mucho más que otras relaciones continuas. Estas personas me han ayudado a abrirme al mundo, a escuchar, a ser un reflejo de diversidad, a no juzgar y resaltar el prisma humano, por encima de todo. En eso creo, y eso escucho.

Es importante distinguir a los escuchas genuinos de los falsos, que por lo general son personas de gran astucia intelectual y fingen escuchar para manipular la opinión de los demás. No es fácil reconocerlos en una primera conversación, porque son hábiles y han refinado su oficio a lo largo de muchas conversaciones fraudulentas… Pero antes o después "meten la pata" y ponen de manifiesto su verdadero interés en la situación o en nosotros.

Su objetivo es puramente egoísta: quieren enterarse de algo, obtener alguna información que después usarán en beneficio propio. El verdadero escucha-espejo es desinteresado; el falso, oculta una doble intención y al final la dejará translucir en algún gesto. ¿Quiénes son los más reconocibles? Pues algunos políticos, que a veces dicen lo que queremos escuchar para conseguir nuestro apoyo.

Escuchar cambiando de piel

Con la comunicación *"one-on-one"* —o como decimos en español, "de tú a tú"— podemos lograr la empatía perfecta. Sin duda, resulta mucho más complicado conseguirla en un grupo o auditorio, donde el presentador u orador se enfrenta a la difícil tarea de encontrar similitudes entre las muchas diferencias.

Yo entrevisto a diario a todo tipo de personas: intelectuales, serias, cómicas, rígidas, flemáticas, bohemias, flexibles, abiertas, creativas, creyentes, agnósticas… La lista no termina nunca, porque así somos los seres humanos, infinitamente diversos. Al escuchar y conversar, lo primero que pienso es: "Soy un espejo", y me propongo que ese espejo deje fluir la energía de mi interlocutor, su frecuencia de vibración. Y esto es posible hacerlo, aunque mi personalidad, aparentemente, no tenga nada que ver con la del otro.

Por ejemplo, cuando converso con Pitbull, el famoso artista de música urbana, me conecto con la parte más energética y efervescente de mi personalidad, aunque no sea precisamente un gran conocedor del mundo del hip hop y el rap. Si entrevisto a un jefe de Estado, que tiene un tono reflexivo y serio —como el caso de la ex presidenta de Chile, Michelle Bachelet— me reflejo introspectivo, más calmado y centrado. Soy el mismo ser, pero mi proyección y actitud cambian de acuerdo con la otra parte en contacto, algo que ya se ha convertido en un ejercicio inconsciente.

¿Recuerdas la película *Zelig*, de Woody Allen? Ese filme presentaba el extraño caso de un hombre con la facultad de transformarse en réplica de la persona que tenía al lado. El buen entrevistador-escucha posee un poco de sustancia camaleónica.

Forma parte de su oficio. Conozco a varias personas así. De una de ellas, mi admirada Oprah Winfrey, he aprendido mucho. Es la mejor escucha que he visto en televisión. Y además, ¡una magnífica comunicadora que se adapta a la energía del momento, de acuerdo con la vibración del tema y de su invitado! Este tipo de escucha no sólo refleja como un espejo nuestras acciones o comportamientos, sino que los complementa.

Escuchar, una capacidad biológica

El ser humano se comunica mediante el lenguaje verbal y el corporal. Además se estudia si también lo hace por telepatía o trasmisión de pensamiento, una conexión más allá de la dimensión física. Estamos pensando en alguien, un ser querido o incluso un conocido, cuando de pronto suena el teléfono y escuchamos su voz asombrados. ¿Casualidad o causalidad? ¿Pura coincidencia o conexión? Y, si realmente hubo un enlace psíquico o espiritual, ¿quién provocó qué? ¿El pensamiento dio pie a la llamada o la persona ya había propiciado, con su intención de telefonearnos, una reacción en nosotros? Aunque no hayamos entrado en tantas consideraciones, es muy probable que esto nos haya sucedido a todos. Son coincidencias o fenómenos complejos que ocurren a diario y a los que damos respuesta de acuerdo con nuestra visión del mundo y de la vida.

Personalmente, considero que el proceso de escuchar no termina en la dimensión física del sonido. Escuchamos a niveles mucho más profundos y superiores. Nuestro oído es una maquinaria sofisticada que capta los sonidos y los lleva al cerebro.

Allí se da una interpretación determinada, según muchos factores psicológicos y físicos. Quienes creemos en el espíritu, pensamos que también los sonidos (y entre ellos, naturalmente, las voces) tocan el alma y provocan reacciones. No digo nada nuevo cuando hablo del poder terapéutico de la música, que está muy estudiado. Algunas sesiones de yoga empiezan y terminan con el sonido relajante "Ooommm…", pronunciado en voz grave por los miembros de la clase. Este sonido, al igual que los ejercicios corporales, influye en las reacciones del cuerpo, la mente y el espíritu. Curiosamente, muchos guías o profesores de yoga invocan al final de la sesión el mantra de *namasté*: "La luz en mí rinde honor a la luz en ti" —algo que asemeja el intercambio respetuoso de personalidades e ideas que debe prevalecer en cada conversación o entrevista entre dos seres humanos.

En la cultura occidental, la música de Mozart ha alcanzado nueva notoriedad por su potencial para transmitir tranquilidad, ayudar a conciliar el sueño y aliviar los sentimientos de depresión. En general, la música clásica puede influir en el estado mental y producir efectos terapéuticos en células enfermas, como sugiere Don Campbell en su texto *El Efecto Mozart*. Hay personas que nos calman con sus voces o con su ritmo. Una voz con un timbre especial, entrenada para inducir serenidad, puede ayudarnos a alcanzar un grado profundo de relajación en una meditación guiada. Nuestro cuerpo, por su propia biología, está preparado para que la escucha lo nutra y lo transforme.

La tercera alternativa de Covey

Si permitimos que nuestro ego nos dicte cómo actuar, jamás aprenderemos a escuchar. Sólo alimentaremos nuestra gloria personal y no lograremos tener una relación sana con los demás ni con nosotros mismos. **El ego aniquila el ser.** La verdadera empatía —ponerse en el lugar del otro— no tiene lugar si el ego protagoniza la película de nuestra vida. Por ejemplo, entre padres e hijos, las conocidas discusiones generacionales pueden resolverse con una simple mejora en la capacidad de escuchar. **Por eso hay que desterrar el egocentrismo al conversar: no hay nada más petulante que escuchar a alguien que no deja espacio al diálogo.** Estos son los personajes que defino como "papagayos intoxicados de ego".

Escuchar es aprender a ver el mundo desde una posición de sinergia, como un todo, y no solo desde la parte que supuestamente nos toca. Ney Díaz, un empresario dominicano de capacitación profesional, me regaló *La tercera alternativa*, de Stephen Covey. El libro presenta un concepto que me ha ayudado enormemente a establecer una escucha activa, empática y conciliadora. Para Covey, "la tercera alternativa" es un recurso que resuelve conflictos y da soluciones creativas a los problemas, a través de un camino diferente: no es "tu solución" ni "mi solución", sino la "tercera alternativa". Una opción que permite a las dos partes salir del debate, por agitado que sea, hacia un punto en el que nadie tiene que ceder nada y todos salen ganando. La tercera alternativa se basa en la "escucha total", que conduce a una sinergia o comunión de personalidades en la que el todo es mucho más completo que la suma de las partes.

Es cierto que cuando dialogamos o negociamos, nos programamos para que las cosas salgan a nuestro antojo. Antes de entrar en la discusión, pensamos: "Si transo, si cedo, no avanzo". Pero muchas oportunidades abortan, a causa de esta cortedad de visión. Covey habla de las personas que solo tienen dos alternativas en su programación mental: a mi manera o a la tuya. Nunca consiguen cooperar, porque lo único que conciben es la competencia. Imaginan siempre falsos dilemas que, según Covey, no les permiten conciliar.

Debes asumir la escucha como una clave de tolerancia y crecimiento. Igual que yo he intentado hacerlo en mi carrera y en la vida, quiero que te alejes de la mentalidad rígida, típica de los que no escuchan. Como bien dice Covey, las personas no ven seres humanos en sus interlocutores, sino ideologías; no respetan sus puntos de vista y ni siquiera tratan de entenderlos. **No hay nada peor que pretender mostrar respeto con el único propósito de manipular, cuando en realidad no existe el menor interés en escuchar, conectarse y aprender.** La sinergia se produce mediante un misterio que todos podemos descifrar: el misterio de escuchar.

El arte de la escucha paciente

Por mucho que te sientas tentado a interrumpir a tu interlocutor, no lo hagas. La sabiduría de la paciencia es importante, incluso en una conversación de negocios, cuando alguien no se calla durante largo rato. Por tu parte, respira profundo, deja a un lado tu agenda y escucha. Si el tiempo apremia, y necesitas interrumpir, trata de hacerlo de una manera muy cortés. Este comportamiento es un arte para los profesionales de los medios. Al principio me costaba mucho trabajo moderar un panel con varias personas y un tiempo determinado de exposición. Recuerdo un participante que se extendía demasiado, más allá del tiempo pactado. Yo necesitaba llevar el panel a buen término y permitir al menos tres o cuatro preguntas del público. Entonces tuve que esperar un punto en su lectura, y decirle: "Muchas gracias, excelente punto para retomar nuestro panel". ¡El orador no tenía noción del tiempo!

Cuando pienso en la paciencia, siempre me remito al psicólogo o psiquiatra que escucha a alguien en una terapia; al ser querido que lidia amorosamente con un familiar enfermo de Alzheimer. La paciencia que procede de ponerse en la piel del otro, de la sinergia creada, también debe servir al entrevistador o participante en cualquier conversación.

Escucha tu nombre

Una de las cosas que más satisfacción me han dado fue conocer el origen etimológico de mi nombre. Ismael es de origen hebreo y proviene del verbo *shamah* (oír). Su significado es "Dios escucha" o "Dios oirá". Desde que lo supe, me sentí aún más orgulloso de mi nombre. "Dios escucha", "Dios me oirá", "Al que Dios lo ha oído"… ¡Qué privilegio de nombre!, me decía, aunque al principio no entendí bien el mensaje. Dios no solo me escuchaba a mí, sino que el mortal Ismael debía convertirse en lo que su nombre proclamaba: un gran escucha.

¡Qué camino tan largo he recorrido! Fue justamente a los 33, la edad a la que murió Jesucristo, cuando conscientemente busqué respuestas para ser mejor persona y trasladar el centro de atención al Gran Poder Universal. Investigué entonces sobre el Ismael bíblico al que mi familia rindió tributo durante tres generaciones. Así descubrí quién fue Ismael. El mártir San Ismael —que se celebra el 17 de junio— fue el hijo mayor del patriarca Abraham y de su esclava egipcia Agar, y hermanastro de Isaac, según el Antiguo Testamento. Ismael también se conoce en otros idiomas: catalán, francés, inglés, italiano (Ízamele) y árabe (Ismaíl).

Fue suficiente para que quisiera indagar más. Quería averiguar qué más podía decirme mi nombre sobre mi ser y, en esta búsqueda, fui a escuchar lo que contaba la numerología. El carismático numerólogo Richard González hizo un análisis sobre mi nombre y fecha de nacimiento, que he leído con mucha atención:

Como senda de vida, sumando toda su fecha de nacimiento, Ismael Cala tiene el número 6, el corazón del árbol de la vida donde la luz se convierte en amor radiante y el amor se vuelve vida. Donde el reto mayor es la familia y las relaciones afectivas. De hecho, el nombre Cala tiene un valor 8, el poder de la comunicación y de andar por los archivos mentales del universo. Su primer nombre, Ismael, que tiene un valor 5, le permite fluidez en el uso del vocabulario, con capacidad de sintetizar. El número 5 permite desarrollar el sentido de lo que es justo, consigue la independencia como gran defensor de la Justicia. Cuando sumamos su nombre completo tenemos un 4, el número de la forma, de la compasión, la seguridad siempre balanceándose, el Rey benévolo en su trono que comparte riqueza y amor, generosamente, con toda su gente.

Vamos a revisar la fecha de nacimiento de Ismael Cala: 8 de septiembre de 1969, dice Richard.

Sumamos: 8+9=17 y 1+7=8. Nacer el día 8 implica un reto muy interesante. El 8 está estrechamente ligado a Mercurio, las comunicaciones y el comunicador. Las alas en sus zapatos agilizan su mente y lo hacen Señor de Libros y Enseñanza. Mercurio tiene un arquetipo, el Caduceo, que está formado de dos serpientes, una blanca y otra negra, que reflejan la mente ambivalente en su estado inconsciente-consciente, los pensamientos que despiertan y los sueños imaginativos. La gran batalla de la humanidad entre la pasión y la razón, entre la ambición y la duda, entre el deseo y la lógica. 1969 es un año número 7, que simboliza la victoria, la firmeza y la inteligencia.

¡Calando en el corazón!

Un día, hace ya mucho tiempo, mi apellido comenzó a ser parte de mi marca personal y profesional. A los 15 años comencé a usarlo como título de un show radial: *Calashow*. Muchos comenzaron a decirme Calita, Cala, y cuando tenía 26 años, surgió la frase de presentación: *"Soy Ismael Cala, cala, cala, calando en tu corazón"*. Entonces trabajaba con el director Juan Cañizares, en el programa *De 5 a 7*, de Radio Taíno. ¡Qué mejor oportunidad para crear una marca, eslogan incluido, a partir de un apellido con muchas acepciones! He recopilado al menos 18, con significados muy diversos. Entre ellos, mis preferidos son:

≈ **Diccionario Manual de la Lengua Española Vox.
© 2007 Larousse Editorial, S.L.**
- Parte pequeña del mar que entra en la tierra y suele estar rodeada de rocas: la cala es más pequeña que la ensenada.
- Trozo pequeño que se corta de una fruta para probarla.
- Agujero que se hace en un terreno o en una obra de fábrica para reconocer su profundidad, composición o estructura.

≈ **Diccionario Enciclopédico Vox 1. © 2009 Larousse Editorial, S.L.**
- Acción y efecto de calar.
- Paraje distante de la costa, propio para pescar con anzuelo.

El poder de las asociaciones es muy fuerte en nuestra mente. Saber que nuestro nombre está ligado a algo da más raigambre a la identidad. Cada nombre se establece como una marca y cada marca como identidad. Es imprescindible saber cómo llevamos el peso de la identidad, en blanco y negro, una firma y carta de presentación ante el mundo.

ESCUCHA: DE MI LIBRETA DE APUNTES

1. Al menos una vez por semana, busca espacios en los que te escuches. Siéntate solo, en un sitio apartado y tranquilo, donde llegue la menor cantidad de ruido posible, y aprovecha la quietud para descubrir qué dice tu yo interior. Él te conoce a la perfección, solo dice la verdad y tiene permiso para regañarte, sin hacer que te sientas mal, pues lo hace siempre desde el punto de vista del amor. Esa voz viene casi siempre de tu mente o corazón, te presenta los asuntos directamente, detesta la intolerancia y los prejuicios, no te permite las excusas injustificadas y, si no tiene solución para tu problema, al menos te ofrece tranquilidad para comenzar a pensar en salidas a los conflictos.

2. Haz una lista de todas las cosas que tu sentido de la audición te ha permitido hacer en la última semana, e imagina qué sucedería con ciertas actividades si no disfrutaras de ese sentido.

3. En una posición ideal para la meditación, cierra los ojos y trata de percibir todos los sonidos que te rodean, desde los más fuertes hasta los más imperceptibles. Distingue los que lleguen mezclados y sepáralos. Analiza de dónde pueden venir, de qué distancia y quién o qué los produce. Verás que mientras más atención preste tu oído, más sonidos distingues. Algunos han estado rodeándote durante mucho tiempo y jamás les habías prestado atención.

4. Establece, al menos una vez al día, una conversación, aunque sea muy breve, con una persona totalmente desconocida. Puede ser el mesero del restaurante o el cartero del edificio o alguien que encuentres mientras paseas al perro. Trata de entrar en algún tema que no sea superficial (es decir, algo más interesante que "hola" y "parece que va a llover"). Sobre todo, da pie para que esa persona exprese su respuesta, y escúchala con atención, sin interrumpir. Respóndele, pero de manera que note que has entendido lo que dijo, que es lo suficientemente interesante para merecer una respuesta.

5. Recuerda que la comunicación solo será efectiva si es abierta y receptora, si escuchas el punto de vista del otro. Si imponemos nuestra agenda en el diálogo, seguramente no seremos capaces de escuchar el mensaje del interlocutor. Como dijo el gran astrónomo Galileo Galilei, "no puedes enseñar nada a nadie —solo haz que se den cuenta que las respuestas están ya dentro de ellos, en su interior".

6. Los mensajes de texto son muy útiles y ahorran tiempo, pero proponte no abusar de ellos. Favorece el contacto por medio de la voz. Úsalos solamente cuando de verdad tienen un sentido dentro de tu vida diaria. Hay personas que los envían con excesiva frecuencia, y crean resquemores en amigos y familiares que prefieren comunicarse por otras vías.

7. Consulta el libro *Habilidades de comunicación y escucha: Empatía + alto nivel + resultados*, de la experta Sonia González, que ofrece una metodología muy práctica para alcanzar claridad, fluidez y concreción en la forma de comunicarse. González asegura que escuchar es la capacidad de prestar atención en forma dinámica, de desarrollar el "músculo" de guardar silencio o callar los pensamientos, para atender y entender a la otra persona. Escuchar, indica la experta, es mucho más que oír: es poder escuchar lo que el otro dice, pero también lo que no dice, a través de sus actitudes, expresiones y gestos.

8. Usa la música para desarrollar tu capacidad de escuchar. Busca algunas canciones que has oído de pasada, pero cuya letra no recuerdas. Analiza palabra por palabra, frase por frase, todo lo que dice y lo que quiere decir, más allá de las palabras. Si te gusta la música clásica, escucha una sonata, sinfonía o concierto. Trata de oírlos con detenimiento, de modo que puedas distinguir los instrumentos que tocan en cada momento.

9. Cuando te reúnas con un amigo, ejercítate en prestar atención a lo que dice, controla los silencios para que concluya su idea y no cambies el tema sin justificación. Profundiza un poco más y busca en sus expresiones, gestos y actitudes si en realidad lo que dice se relaciona con lo que siente; es decir, si su lenguaje corporal apoya su discurso hablado o si existe alguna contradicción.

10. Investiga sobre tus nombres y apellidos. Haz, como yo, un ejercicio de búsqueda de tu identidad y tu marca personal. Empieza por sentir cómo suena y luego busca sus orígenes y asociaciones, tanto en el lenguaje como en la historia, la mitología, la religión, etc. Entiende la importancia de la marca, de la identidad que te ha transmitido el mundo: tu primera carta de presentación.

Capítulo 3

~

¿Quién soy?

¡Nací como resultado de suicidios frustrados! Mi padre me regaló la vida porque Dios le impidió arrebatarse la suya. A los ocho años perdió un brazo en un accidente terrible y no tener los dos le permitió sobrevivir hasta los 60. Según me han contado, intentó quitarse la vida en varias ocasiones, una de ellas cuando su madre, mi abuela Tita, murió de infarto. Sus compañeros de cuarto lo descubrieron cuando lo intentaba, en la época en que cursaba estudios de postgrado en la antigua Unión Soviética. Gracias a Dios, tenía un solo brazo y no prosperó en sus intentos.

Yo tenía seis años cuando mi abuelo se ahorcó, privándonos a todos de su presencia. Era el padre de mi padre. El Ismael que dio comienzo a la cadena hereditaria. De Melo, como le decían, solo me queda un recuerdo borroso, quizás menos confiable que un retrato hablado: hombre alto, ojos azules, calvo. Administraba una finca de frutales que "heredó" cuando sus dueños abandonaron la isla. Tiempo después, el gobierno confiscó el terreno y Melo perdió una de sus principales razones para seguir viviendo. Un año antes había muerto mi abuela, la otra gran pérdida de su vida. A ella no la recuerdo mucho: una mulata robusta a la que llamábamos Tita y cuyo verdadero nombre era Paula Elvira Quintana Caballero.

Ahora sé que había una voz que torturaba a mi abuelo y le impedía ver más allá de la realidad. Hoy reflexiono y digo: perdió a su esposa, poco después se quitó la vida. ¿Qué le dijo esa voz para obligarlo a un acto así? ¿Por qué alguien se suicida si cuenta con una familia que lo ama y lo cobija? Quizás yo nunca lo hubiera sabido si la historia no se hubiera replicado trágicamente en el resto de la familia. Entender los sucesos que marcan la vida de una familia puede ser triste, pero resulta esclarecedor. Ahí comienza la búsqueda de nuestras herencias.

Mi tía Araceli, hermana de mi padre, reprodujo la escena cuando yo tenía 20 años. Era una mujer particular. Soltera durante gran parte de su vida, era un ser muy bondadoso y se volcaba por completo en sus sobrinos. Fui uno de los escogidos de su cariño. Visitaba la casa de mi padre y disfrutaba de la presencia de Araceli y de su parca conversación. Ella revelaba ante mí su ingenuidad y la fragilidad de su alma. Yo percibía que había algo que no le permitía ser feliz. Un día se quitó la vida.

Sufrí mucho con su partida y siempre me pregunté: ¿Qué le dijo la voz? De mis tres hermanos, yo era el más cercano a mi tía. En pleno desarrollo emocional, resultaba demasiado perder a mi abuelo y luego a mi tía, y además tener un padre que había intentado ahorcarse varias veces. Algo andaba mal, y yo lo sabía, lo había constatado cuando visitaba a mi padre en el hospital psiquiátrico. A veces había que ingresarlo y lo sometían a dosis de electroshocks que lo dejaban en un estado lamentable. La familia tenía problemas, pero yo aún no podía entender por qué éramos parte de una herencia genética fatídica, de un hechizo que nos había vencido durante varias generaciones.

Mi padre, Ismael, al que le decían cariñosamente Melito, fue un ingeniero químico brillante especializado en la industria azucarera. Junto a un ingeniero mexicano, patentó una pieza para refinar el azúcar de caña. Por entonces Cuba era una potencia mundial de esta industria y, mi padre, una autoridad en el tema. No había sido un niño cualquiera. ¿Cómo serlo? A los ocho años, en el patio de la casa, quiso obtener guarapo (jugo de caña de azúcar), pero la mano se le fue junto a los trozos y la máquina se la trituró. Los médicos tuvieron que amputarle el brazo hasta el hombro para evitar una infección mayor. Ese día marcó el resto de su vida. Su reto fue continuar adelante con un solo brazo e intentar ser exitoso. Y en muchos sentidos lo logró.

Hoy, la voz de mi mente me dice que mi nacimiento y el de mis hermanos tal vez fueron consecuencia de la lesión: mi padre perdió un brazo, y Dios le impidió así usarlo para quitarse la vida. Así creció, estudió y se convirtió en un genio en su trabajo. Incluso sin brazo, consiguió que una bella muchacha se fijara en él. Se enamoraron, contrajeron matrimonio y formaron una familia. No recuerdo cuándo supe que mi padre había intentado suicidarse mientras estudiaba en la extinta Unión Soviética. No era fácil lograrlo con una mano, pero hizo el intento. Hacía cosas maravillosas, entre ellas anudarse los cordones de los zapatos con su única mano. Me retaba a aprender, pero nunca lo conseguí: creía que solo él podía.

En muchos momentos, fue un espejo en el que no quise

verme reflejado. Sabía que había heredado muchos de sus rasgos de carácter. Era un hombre solitario y vivía encerrado en un cuarto que parecía ser su único universo. Por las incompatibilidades entre los dos, y tras mucho sufrimiento, mi madre y él se divorciaron cuando yo tenía cuatro años. Empezaron a pelearse como un perro y un gato, y sus resentimientos terminaron volcados en los hijos.

En la adolescencia, más de una vez, visité a mi padre en Jagua, el hospital psiquiátrico de Santiago de Cuba. Con 13 años, lo vi caminar como un zombie, fuera de zona, como dice el *life coach* Julio Bevione en su libro *52 semanas para vivir en la zona*. Él vivía en una región sitiada, llena de fronteras y voces limitantes, preso de esa terrible enfermedad que conocemos como esquizofrenia. La cadena hereditaria del maleficio (no encuentro otra forma para describirlo), no termina con él. Uno de mis hermanos debutó con una crisis a los 33 años, cuando yo residía en Canadá. Recuerdo los gritos desconsolados de mi madre por el teléfono. Era el más puro de los tres y había sido trasladado a una sala de electrochoques.

Desde entonces nos dedicamos a brindarle apoyo moral, material, afectivo y médico. En Canadá conseguimos un medicamento que debía tomar de por vida para mantenerse estable. En Cuba no lo había. Su esposa ha sido su ángel guardián. ¿Cómo le agradeceremos tanta bondad y ternura para con toda la familia? Gracias a Dios, mi hermano ha conseguido seguir funcionando en sociedad, mantener su trabajo y ser un padre, hijo, hermano y esposo excepcional. Escribo estas líneas y lo imagino, porque hace 13 años que no lo veo. No porque no quiera, sino por el drama de las familias divididas que vivimos los cubanos.

Con esa cadena frágil de salud mental, me formé como un

gladiador de la mente. Mi mayor propósito en la vida ha sido convertirme en dueño de mi voz, de mi cuerpo, de mi mente, con el visto bueno y la guía de Dios, el universo, la luz, la fuerza, la energía superior.

Otra tía también me ofrecía un espejo en el que yo no quería mirarme. Conectaba muy bien conmigo, o quizás era yo el que conectaba con ella, aunque solo en sus momentos de sobriedad. Desde joven, se hizo adicta a las medicinas y pasaba menos tiempo en la casa que en el hospital. De tanta intoxicación, perdía el sentido y se hacía heridas, golpes y chichones. Me duele no haber podido ayudarla más. Comprendí muy pronto la dificultad de socorrer a alguien que no se deja, o que no siente la necesidad.

En este libro abro mi corazón porque no todo es lo que parece. No quiero que me etiqueten como un presentador de televisión acartonado porque no lo soy. Soy como tú, simplemente un ser humano. Lo que más me entusiasma de este viaje, de esta búsqueda de identidad, es que cuanto más nos acercamos a la voz interior, a la armonía de nuestro verdadero ser, menos palabras necesitaremos para comunicarnos. La voz interior es paz, silencio, emoción, serenidad, amor. Las voces que se escuchan, las que se definen con claridad de tonos y colores, son generalmente voces de distracción, del ego, que trata de mantenerlo todo bajo control.

Ser o no ser

Te propongo un ejercicio. Pregúntate en voz alta: ¿Quién soy? Y di tu nombre con firmeza, repítelo tres veces. Luego, sin pensar demasiado, deja que tu mente se exprese como quiera, que defina quién eres. Es una pregunta simple, y las respuestas son complejas. Anota lo que sale de tu boca, porque es un reflejo, una foto instantánea de lo que en este instante piensas de ti mismo. ¿Quién eres? ¿Qué te define? Muchos, por instinto, mencionarán su oficio o profesión. Soy doctor, arquitecto, chofer profesional. Otros dirán que son madre, padre, hombre, mujer. Quizás algunos afirmarán: soy Juana, Elsia, Pedro, Mathew, Tania, Bruno, Rosa, Grecia, Carlos, Michel, Álvaro, Ado, Ciana, Irma, Dany, Glenda, José, Félix, Evelyn, Lalo, Yanoli…. La lista corre hasta el infinito.

El resultado del ejercicio es justamente este: una variedad infinita de respuestas que no pueden compendiar la simple descripción de lo que somos. Somos seres vivientes, de luz, energía, inteligencia emocional, imaginación, raciocinio; pero también podemos ser lo contrario, si juzgamos a la humanidad por sus acciones. El Holocausto, la Inquisición, la bomba atómica contra Hiroshima, los ataques terroristas de Nueva York y de Madrid, y muchos otros sucesos de las últimas décadas, para no ir más lejos, hablan de un ser totalmente contrario al que acabo de describir. Sin duda, podemos también convertirnos en seres de sombras, odio, irracionalidad e imaginación cruel.

Una vez asistí a un taller de Miguel Ruiz antes de entrevistarlo en *Cala*, por CNN en Español, y lo escuché decir: no sabemos lo que somos, porque tratar de definirlo en palabras distorsionaría la realidad, adulterada por la percepción de lo que creemos ser. ¡Qué sabio es usted, don Miguel! Por eso los grandes maestros espirituales nunca dejan de aprender, de caminar hacia la luz, porque la ruta que nos lleva a nuestra voz interior es la más difícil. La voz cambia, evoluciona, va alineándose con la fuerza divina que nos concibe como seres de energía. Somos el resultado de lo que escuchamos. La percepción de quiénes somos y de hacia dónde vamos es fruto de un sistema de valores que hemos aprendido a través de la escucha activa, consciente o inconsciente. Es un proceso de domesticación.

¿Quién eres? Eres lo que sientes, ves e imaginas, pero al mismo tiempo, si te detienes, percibes que solo eres el reflejo de lo que crees ser. De ahí que lo más importante es la consistencia de la escucha, la difícil tarea de observar con desapego cómo transcurre la vida. A veces lo consigo, y experimento una sensación de paz. Más allá de las circunstancias, tú también la tendrás si entiendes que el presente es el único tiempo real para vivir y la relación más importante de la vida es la del amor incondicional hacia tu propio ser.

¿Quién eres, quién soy, quiénes somos? Al final, somos un mundo de percepciones. Nuestros actos hablan por nosotros y nuestro sistema de creencias moldea nuestros pensamientos. Todo vuelve a un solo eje matriz: la mente. Ni nuestros parientes más inteligentes, los primates, han alcanzado el desarrollo intelectual de nuestra mente, más allá de las ficciones de *La rebelión de los simios*. No sé si en otra galaxia otra especie nos supere. No creo que seamos los únicos seres con inteligencia superior en el universo.

Nuestro "quién soy" está definido en buena medida por la fuerza de voluntad, la fe, la pasión por vivir con un propósito. Eso nos determina más allá de lo que hacemos, del color de nuestra piel, nuestra lengua materna, nuestro país, cultura, sexo, preferencia sexual o religión. Define nuestra destreza para vivir, y para vivir con plenitud. ¡Estar aquí ya es ganancia! ¡Cuántos óvulos y espermatozoides mueren en el intento!

Algunas personas no saben quiénes son, pero están convencidas de que no son como las otras. Un día llegué a casa de una amiga muy querida a la que llamaré Mimi. Vi una pared llena de títulos diversos, fotos con celebridades, políticos, y personas bastante conocidas entre la comunidad hispana de Toronto. Habíamos tomado unas copitas, con la suficiente alegría para reírnos de nosotros mismos sin juicios ni prejuicios. Entonces, le pregunto:

—Mimi, has hecho mucho en la vida… ¿quién eres?

Me dijo:

—Soy escritora, organizadora de eventos, promotora, una *socialite*, vendedora…

—¿Qué más? —dije yo.

Ella prosiguió:

—Bueno, soy además madre, católica…

Entonces hizo silencio y respondió:

—La verdad, nunca me he hecho esa pregunta. Ya se me acabaron las palabras. ¡No sé que más decirte, no sé quién soy! ¡Soy yo! ¡Y solo sé que no hay nadie igual! Si encuentras otra que sea como yo, empújala que es de cartón.

Comenzamos a reírnos, porque la última frase era el estribillo de una conocida canción popular cubana, que por cierto cantaba otra gran amiga mía. Verdaderamente, fue la mejor respuesta que Mimi encontró para definirse. Ninguna persona es igual a otra, a pesar de tener rasgos similares. Así es la belleza de la vida: cada cual llega al mundo con un código de identidad único, intransferible. Ese código no es estático sino que evoluciona como la vida misma, como la energía que somos y la luz que proyectamos.

El matrimonio del alma no admite divorcio

La sociedad moderna está demasiado acostumbrada a los divorcios. Aunque no hay peor carga que un matrimonio mal llevado, irse al otro extremo condiciona a muchos a buscar la pareja ideal. Actualmente la gente se casa con opción de divorcio como parte del acuerdo prenupcial. La psicóloga chilena Pilar Sordo, muy popular por sus libros y seminarios, me dijo que, para sorpresa de muchos, **el amor no es un sentimiento, sino una decisión**. Por supuesto, hablaba del matrimonio. Su frase resonaba en mi cabeza con el eco de una poderosa afirmación.

"El amor no es un sentimiento, es una decisión". ¡Uhhhh! La frase nos atormenta a los románticos. Aniquila el más auténtico deseo de que el amor sea solo devoción y entrega. La realidad es que el amor, más allá del deslumbramiento y la luna de miel, es un compromiso de tolerancia, aceptación y reciprocidad. Para compartir como proyecto de vida, el amor es mucho más que un noviazgo, es un pacto de armonía. Y los pactos se firman por decisión mutua. Así entendí el punto de mi querida Pilar: el amor es una decisión, pero mucha gente la intelectualiza demasiado. De ahí que se critique cuando alguien no se casa por amor. Bueno, pues entonces se casó por decisión, por beneficio o por lo que sea. No te he traído hasta aquí para hablar de relaciones románticas externas, sino del más importante pacto sentimental que todo ser humano debe firmar: la relación con uno mismo. Aquí aplica la frase de Antoine de Saint-Exupéry, el autor de *El Principito*: "Solo se ve con el corazón. Lo esencial es invisible a los ojos".

Muchos viven tan preocupados por sobrevivir o por alcanzar la rueda de la fortuna que no miran a su alrededor, ni disfrutan del olor del rocío mañanero o la caída del sol. Hay gente que camina todos los días por el mismo lugar sin advertir la magia que le rodea. **Hay gente que es esclava de su rutina, y se queja de su suerte, sin darse cuenta de que todos contamos con el privilegio de elegir**, de cambiar lo que no nos gusta, aunque no sea inmediatamente.

Si el amor es una "decisión", sin duda es la más importante de la vida. Debemos amarnos como somos, aprender a aceptarnos, con nuestras luces y sombras. Somos máquinas perfectas. Así nos diseñó el maestro creador, el arquitecto de este juego de ajedrez con libre albedrío; el juego donde escogemos una ruta que termina en triunfo o jaque mate. **Tenemos la opción de amar.** Y antes de practicarla con otros, tenemos que amarnos con la mayor intensidad del mundo. Esta es una decisión sin opción de separación, porque el divorcio con uno mismo es autodestrucción, una fórmula destinada al desastre, al fracaso, a la muerte. Nadie puede traer más amor a nuestras vidas que nosotros mismos. La felicidad nace del amor propio, de la pasión que sentimos por lo que somos y experimentamos. Con el amor por nuestro ser, no por nuestro ego (pues eso nos aniquila), crecemos en la bondad, el desapego, la abundancia universal y la ley de atracción, todo lo cual reproduce y acerca más amor a nuestras vidas.

Las distracciones y las voces limitantes siempre nos llaman a compararnos, a sentirnos insatisfechos y convencernos de que algo nos falta. Cierra los ojos a esos focos de distracción. No literalmente, sino con tu inteligencia emocional. Concéntrate en tu ser, en quién eres, en tu realidad. Y deja fluir el amor. En el amor y el matrimonio con tu alma, el divorcio no es una opción. No lo contemples, o te llevará a la ruina emocional y existencial. Mi padre vivió más que un divorcio de mi madre, pues se quedó sin familia y sin afectos. Padeció un divorcio consigo mismo: perdió la visión de sí, la conexión con su ser, sus propósitos, su amor y pasión por la vida. Fue víctima de una trampa de la mente, que arruinó su existencia.

La voz propia y el oído

Hoy, la relación más importante de mi vida está dentro de mí. La relación con la mente es sagrada y el secreto del equilibrio radica en saber escucharla. Cuando tenía 13 años, mi mente estaba llena de voces que pululaban sin permiso. En las noches, no lograba dormir con serenidad. Me asaltaban pesadillas, voces que me negaban la oportunidad de encontrar paz interior. Varias veces, me desperté por este motivo. Era un círculo rojo infernal, donde una manada de elefantes flotaba en carrusel, como sin peso. El círculo se vertía en una espiral centrífuga y yo ya no quería cerrar los ojos otra vez.

Durante meses, esas voces me hundieron en una angustia de la que no lograba salir. Fue mi secreto, no lo compartí para evitar que me acusaran de loco, pues muchos conocían la tara familiar. Entonces le pedí a mi madre que me llevara al psiquiatra. Estuve en tratamiento varios meses y las voces cedieron, pero no se iban del todo. Las pastillas eran un antídoto temporal que las mantenía dormidas. En medio de la preocupación por buscar mi propia voz, un día comencé a distanciarme de esas otras a las que concedía tanta importancia. No sabía que estaba ejercitando el tercer oído, el sentido del desapego emocional y la perspectiva escéptica. Comencé a cuestionar mis propias voces, a entender que no era yo, sino mis miedos los que hablaban. Era la voz del temor la que mantenía en silencio a un ser que sí tenía voz, y muy firme, pero que aún no sabía escuchar ni discernir qué hacer con lo improductivo.

Cómo crear una escucha interior plena

La única manera de encontrar la voz interior es disfrutar del soliloquio. Conozco personas que no saben estar solas: la soledad les aterra, se aburren sin otro ser humano a su lado o cuando menos una mascota. Uno comienza a descubrir quién es cuando nadie lo mira, ni lo juzga ni lo escucha. Las ideas que nos pasan por la mente, que llegan, fluyen y se aglomeran, dibujan las rutas de nuestro propio mapa mental. Por esos caminos construimos —o podemos destruir— nuestra existencia, nuestro universo.

Un ejercicio para educar nuestra mente en la escucha, y no hablar, es la "Cortina de agua". Cierra los ojos e imagina que tienes delante una cascada gigantesca, pero no demasiado copiosa. El agua forma una cortina fina, como una seda húmeda, que cae y permite atisbar más allá. Mantén la vista en el paisaje que imaginas detrás de la cortina. Ahora comienza a meditar, deja tu mente correr, como el agua que cae y que no puedes detener. Escucha, sin pararte en los pensamientos. No los bloquees, pero tampoco te regodees en ellos, simplemente escúchalos. Escucharlos es lo más difícil. ¡No los elabores! Este ejercicio, poco a poco, va creando la posibilidad de escuchar a nuestra mente, sin caer en los círculos viciosos que nos mantienen inmovilizados, sin capacidad de acción o reacción.

Otro ejercicio que hago a diario es "Otoño, tiempo del deshoje". En esa época del año, los árboles pierden sus hojas y quedan expuestos, desnudos, listos para renacer con hojas nuevas y frescas en primavera. Disfrutan de un tiempo de renovación. Lo mismo pasa con los seres humanos, que no podemos vivir sin esos momentos de deshoje, cambio y limpieza. Pensemos por un instante en un árbol repleto de hojas, cerremos los ojos. Visualicemos los pensamientos como hojas que caen, pero no las recojamos, dejémoslas caer al suelo. La idea es no recoger ni regodearse en los pensamientos, al igual que con la "Cortina de agua". Son apenas ideas, ni buenas ni malas, y como tal se quedan. Si te parecen demasiado negativas, cancélalas mentalmente, pero no las juzgues. No te juzgues, no te hacen ni bueno ni malo, son ideas, no actos, están vagando a la deriva. Si no las recoges, no son tuyas, son ideas, solo ideas. No las hagas tuyas, déjalas caer, es tiempo de deshoje. Cuando tus pensamientos se acallen serás un árbol al descubierto, a la espera de la siguiente primavera, para renacer con el verde más tierno que hayas visto. Esta es la verdadera capacidad de crecimiento que tiene el ser humano para renacer, evolucionar, crecer conscientemente.

Hace tiempo entendí que la mente necesita ir de forma habitual a nuestro spa personal. No se trata de un lugar físico, aunque los spas son estupendas instalaciones para la relajación. Cada uno de nosotros puede crear con la mente un sitio así. Cuando estás en sintonía con tu voz interior, la mayor fuerza del universo, Dios o el cosmos conspirarán para manifestar lo que has vivido en tu mente, lo que ya has creado: tu escucha interior plena.

Mi voz interior, hace ya unos siete años, me decía: "Ismael, quiero un sabático, mereces un año sabático. Llevas ya 10 años fuera de Cuba, y no has tenido un descanso. Es hora de tomar uno, de renovar energías, mirar al futuro y, por qué no, celebrar lo que se ha logrado, que es bastante, considerando de dónde vienes". Quizás algunos no crean en milagros, pero hay cosas en la vida que parecen estar escritas y determinadas. "Dios es amor", una frase que siempre dicen Magda y Karmen Pastora, mis grandes y espirituales amigas, forma parte de mi mantra al comenzar cualquier emprendimiento. Digo: "Dios es amor, hágase el milagro".

El universo escucha, y luego manifiesta. Pedía el año sabático con muchas ganas, pero no sabía cómo llegaría: no tenía ni medio centavo ahorrado para sostenerme, ni a mí ni los que dependían de mí. Entonces llegó la oportunidad de un fabuloso contrato en México con el grupo Televisa, por un año, que acabó siendo parte del sabático pagado que tanto pedí. Por razones de producción y ventas, el programa salió del aire luego de dos meses en antena. Aparentemente, aquello no tenía sentido, yo no lo comprendía. Pero, luego, el tiempo me hizo ver las respuestas. ¡Ése era el sabático! Ocho meses de salario garantizado, pues Televisa me pagaba por una exclusividad firmada, y además podía vivir en la casa del canal en el D.F., en la mía en Miami o viajar por el mundo. Al final, eso fue lo que hice. En ocho meses viajé por Europa, conocí algo de México y retomé el control de mis ideas. Pero, sobre todo, puse en orden el rumbo de mi carrera profesional. Regresé a CNN, que por cinco años había sido mi casa, entre 2001 y 2006.

En ese momento, me convencí de que realmente no hay nada más poderoso en la vida que nuestra fe en Dios o el ser superior. Cualquiera que sea tu creencia, nada supera la fuerza que vive en nuestra mente. El Ismael Cala de hoy es resultado de muchos años de reformas en la mente, el templo de mi esencia, un espacio de oración y devoción al equilibrio. Soy el resultado de lo que he escuchado, de lo aprendido, de lo confrontado y modificado. Escuchar es la fórmula para el éxito.

La voz interior y el ego

En la búsqueda de la verdadera voz interior, una de las grandes batallas se libra contra el **ego**. Comencé a conocer qué era el **ego** desde muy temprano. A los ocho años, en cuarto grado de primaria, hice una prueba de lectura y me propusieron ingresar a un grupo infantil en la emisora CMKC, en Santiago de Cuba. En aquel lugar, desde niño, el **ego** se inflaba como un balón aerostático que pretendía volar hasta los cielos, a una altura inalcanzable para otro mortal.

A esa edad, escuchar mi voz en la radio, protagonizando cuentos infantiles dirigidos por Nilda G. Alemán, era un privilegio. Cuando me dispuse a escribir este libro, pedí a Nilda, mi maestra, madre profesional y musa, que recordara cómo había sido aquel proceso. Quería confrontar ideas y no dejar solo a mi memoria la tarea de visualizar esos momentos. Nilda lo hizo con mucho cariño. Decidí incluir su carta como muestra de afecto eterno hacia ella, y para que puedas entender lo que vendría después.

Aquí comparto contigo algunos fragmentos:

Ismaelillo: Recuerdo la primera vez que te vi como si fuera ahora: Era el principio del curso escolar y yo seleccionaba los niños que integrarían el Círculo de Interés de Radio. Tendrías siete u ocho años de edad y eras delgadito, inquieto, con una sonrisa de oreja a oreja y muy atento a todo.

Cuando te pregunté, dijiste que querías ser locutor y yo "te eché el ojo", porque a primera impresión me resultaste distinto. Desde el primer día me robaste el corazón y coloqué un catre en el pasillo de mi casa, allí pasabas generalmente el fin de semana para repasar tus personajes y participar en encuentros y actividades culturales que desarrollábamos con la Brigada Artística que habíamos creado con el nombre de "Príncipe Enano", que tenía una matrícula de 60 niños. Me parece verte por el pasillo de casa en calzoncillos, con un libreto siempre en las manos o sentado en mi silla de trabajo giratoria, en mi estudio, leyéndolo en voz alta. Siempre mostraste una inclinación especial por la locución y animación, y yo me pregunté algunas veces si aquella voz tierna y menuda podría llegar a convertirse en una voz enérgica, para que lo fueras de veras. Superaste con creces aquella expectativa…

Te recuerdo haciendo el personaje de Pinocho y Meñique. Buscando en mi archivo de aquella época, que conservo a medias, observo que participaste en numerosos cuentos clásicos de la literatura universal, infantil y de todo tipo: El Quijote, La vida es sueño, El Principito, *cuentos de Quiroga, Onelio Jorge Cardoso, clásicos rusos…*

Tu programa base era La Edad de Oro, *que, dicho sea de paso, aún sigue saliendo al aire todos los sábados en la mañana (…) También participabas en* Caminos de Arte *y* Tren de Fantasía, *de corte dramático. Cuando concluiste la secundaria básica estuvimos un tiempo incomunicados, creo que estabas becado, lamenté de veras que te fueras de aquel medio artístico y familiar, donde eras tan querido. Más tarde supe que pasabas mucho tiempo en tu habitación, utilizando tu mano como micrófono y leyendo cualquier papel en alta voz. Pero me las ingenié y te traje de nuevo con el pretexto de que integraras un club juvenil. Ahí desarrollaste todavía mayores cualidades que, unidas a tu talento personal, te hicieron seguir solo, lo último que recuerdo fue que te recomendé para trabajar en la televisión, y de ahí alzaste vuelo por tu propia voluntad, esfuerzo y talento, hasta convertirte en la persona y el profesional excepcional que eres. Conservo de ti maravillosos recuerdos, fuiste un discípulo ejemplar, afectuoso y talentoso desde niño, y aquel ser único que intuí que eras me demostró que no estaba equivocada. Si necesitas que escriba algo más, dímelo, he hecho un gran esfuerzo para escribir a máquina estas notas, con la mano derecha rígida y apenas sin poder mover el brazo izquierdo, pero le has dado alegría a mi corazón. Me costaba dictárselo a Damarys porque hablar también me produce un gran esfuerzo, mis cuerdas vocales ya no son aquellas con que te educaba la voz y te daba lecciones, pero he sentido un gran placer en dedicarte este tiempo, hijo querido, como aquel tiempo que te dediqué y que valió la pena, ojalá me alcance la vida para abrazarte otra vez y poder leer tu libro. Te quiero mucho, Nilda.*

La carta de mi maestra me arrancó las lágrimas. Aunque han pasado 30 años, recuerda a la perfección todos los detalles. Como puedes comprobar en el mensaje, mi familia tenía razones para sentirse henchida de orgullo, y yo también. Los tempranos éxitos me adentraron en un mundo de celos profesionales, envidias y guerras psicológicas. Y todo, por la magia del micrófono, por la fantasía que crea la radio, un medio al que debo mi imaginación, picardía y agilidad mental.

He participado en bastantes escenarios complejos. Por eso entiendo que el ego perturba, bloquea y anula, cuando uno se sale de "la zona", entiéndase el equilibrio perfecto. Como dice el proverbio hindú: "Cada persona es una casa de cuatro cuartos: el físico, el mental, emocional y espiritual". En esto coincido con Julio Bevione. Él ha logrado un nivel de equilibrio que muchos no alcanzan hasta el último momento de su vida, si es que lo consiguen.

El ego, sin embargo, es un motor capaz de mover montañas si se usa de manera sana, positiva, como caja de resonancia para amplificar las capacidades y potenciarlas en nuestro crecimiento como individuos. Para muchos seres humanos, estar en la pobreza inhabilita el crecimiento. Otros tratan de salir de ella, entendiendo que la peor pobreza es la mental, pues es más difícil de sacudir. Es lo que buscan algunos gobiernos populistas con sus subsidios indiscriminados. Pero no sacian la sed de crecer. Las personas somos seres de creación, luz y progreso. Es la idea que deberíamos fomentar en los niños, en las nuevas generaciones.

En la adolescencia pasaba horas imitando a otros locutores de radio a los que quería parecerme. No creo que estuviese mal, debemos tener ídolos o mentores, al menos en la juventud. Pero llegué a parecerme tanto al presentador Franco Carbón que incluso me apodaron "Carboncito". La crítica se encargó de poner fin a aquella etapa. El ego reaccionó cuando me di cuenta de que su voz no era la mía. Luego, por esas cosas de la vida, tuve que sustituir temporalmente a Franco Carbón en su programa *Así*, de Radio Rebelde. Ya para entonces exhibía mi propia voz y un estilo parecido al suyo, pero con un concepto distinto. Un sueño hecho realidad.

¡Escúchate, prográmate y acéptate!

Aunque hay herencias en mi vida que pueden considerarse negativas, las bendiciones recibidas han sido muchas. Soy hijo de dos mentes brillantes. La de mi madre, una mujer inteligente, ágil y creativa, que trabajó como secretaria de empresa y fue una líder excepcional en el hogar. Y la de mi padre que, como ya he contado, desarrolló ideas geniales. Fue un hombre con muchas luces y una sombra muy oscura: la esquizofrenia.

La mente es el templo del ser, el eje que nos centra y nos equilibra, la matriz de todas las matrices del universo. Cierta vez, una voz que no reconozco, me lanzó al abismo, a una depresión horrible que me negaba el derecho hasta a la sonrisa. Tenía apenas 14 años y por mi cabeza deambulaban demasiadas voces; algunas hablaban de cosas que ni siquiera deseo recordar aquí. Sólo sé que yo no debía escuchar esas voces, por su carácter autodestructivo, limitante, conflictivo y negativo. Por lo general, comenzaban cada oración con un condicionante, una duda o un rotundo "no" a cualquier esbozo de una aventura.

Quizás este sea el capítulo más difícil de escribir de todo este libro. Encontrar la voz interior de nuestro universo personal es una tarea que mucha gente ni siquiera se plantea con suficiente determinación y paciencia. El pragmatismo de nuestras decisiones mundanas hace que la llamemos "intuición", pero en realidad, estamos hablando de cosas diferentes. La voz interior nos llama, nos reclama, nos exige actuar o reaccionar. Es una matriz de valores que nos confronta con las dudas, creencias, estereotipos y presiones externas.

¿Cómo lograr una verdadera comunicación con los demás si no nos comunicamos con nosotros mismos? Escuchar nuestra propia voz y entenderla y proyectarla a través de la acción es más complejo que comunicarnos comprensiblemente con otros. Cuando un ser humano dedica un esfuerzo a armonizar su comunicación interna, el resultado es una armonía notable en la proyección de sus acciones, en la manera de hablar, el tono de la voz, la posibilidad de comunicarse con empatía y solidaridad con los demás. Si nuestro diálogo interno está en equilibrio, sabemos quiénes somos, qué queremos y qué cosas nos frustran. Esto nos hace sentir más plenos.

Cuando me presentan a una persona, me bastan los primeros 30 segundos para descubrir qué tanto escucha su voz interior. Casi siempre, este hábito proyecta una paz, una armonía, una comodidad que se percibe a flor de piel. Por contraste, las personas que no escuchan su voz resultan irascibles, distantes y desconectadas. No han logrado fortalecer esa voz interior propia para acallar las voces de la discordia, la cobardía y los malos consejos.

Todos escuchamos estas otras voces en la mente: "Detente, no puedes, no hagas eso, podrías fracasar, es demasiado difícil, no tienes dinero, te falta tiempo, quizás más adelante, fíjate que aquella otra persona lo intentó y fracasó". Las voces de la duda son insistentes, no descansan hasta que una voz interior centrada dice: "¡Basta! Conversemos, seamos honestos, paremos la duda, las limitaciones del temor. Sí podemos hacerlo, sí somos capaces, sí valemos, y no existe nada inalcanzable si de verdad lo soñamos y nos preparamos para ello".

Prepara tu mente para encontrar su voz

El diálogo con la mente puede hacernos triunfar o sucumbir. Cuando comencé a practicar el Bikram Yoga, en una sala a más de 40 grados Celsius, creí que no podría terminar la hora y media de sesión. Son 26 posiciones en dos tandas, más ejercicios de respiración. Para un *hiperquinético*, el yoga es todo un reto, pues hay posiciones que obligan a mantenerse en completa quietud, relajados, concentrados, sin pensar ni escuchar las voces de la duda, esas que a menudo vienen a interrumpir el diálogo del progreso. Son trampas de la mente, vericuetos de nuestra memoria, retos para tu propia autoconfianza.

Desde la primera vez, cuando sufrí ataques de ansiedad en medio de la clase de yoga, acallé aquellas voces que me decían: "No puedes vencer, el lugar está demasiado caliente, no tienes flexibilidad y estás haciendo el ridículo". Poco a poco, fui usando mi propia voz y repitiéndole a las otras: "Callar, callar, callar, cancelado… Sí puedo, sí voy a terminar la sesión". El equilibrio de muchas posturas depende, en parte, de la concentración. Qué satisfacción poder hacerlas y ver, cada día, cómo la mente se acostumbraba, sin demasiada resistencia, a someter el cuerpo al duro rigor. El yoga es una práctica donde pongo a prueba el diálogo con mi voz interior, el poder de escuchar solamente la voz del equilibrio y despejar la duda y el temor.

La voz de la paciencia

Recuerdo perfectamente el trágico terremoto de L'Aquila, en Italia, donde murieron 300 personas y muchas otras resultaron heridas. Allí afloraron historias que parecían milagros divinos. Durante esos días tuve que presentar en CNN en Español varias noticias sobre los sobrevivientes y una de ellas me conmovió intensamente: la del rescate de María D'Antuono, una anciana de 98 años que permaneció 30 horas atrapada bajo las ruinas de su casa. Mientras llegaban los socorristas, se dedicó a tejer, y al salir incluso encontró fuerzas para responder a preguntas de la prensa. La escuché decir con rostro sereno que había estado ocupada tejiendo, con su lana y sus agujas. Antes de irse al hospital hizo una petición que dejó boquiabiertos a los espectadores: quería un peine para arreglarse un poco. Para mí fue una escena sorpresiva. En medio de tanto dolor, María tuvo paciencia para esperar. Y esperar con buen humor.

Aquella anciana me dio una lección de sabiduría y paz interior. A sus 98 años había sabido escuchar su voz interior para encontrar sosiego mientras otros intuían el final trágico e inevitable. La enseñanza más valiosa es que no hay que esperar casi un siglo para ir adquiriendo sabiduría. Es cierto que siendo jóvenes somos más impetuosos, impacientes, irreverentes, y estamos en pie de rebeldía contra el mundo. Muchas veces tal rebeldía comienza con nuestra propia voz. No concebimos dialogar y mirarnos por dentro. Suena demasiado adulto, o incluso anticuado.

Razón de ser, canción de cuna

El camino hacia la espiritualidad debe comenzar en la niñez. Los padres y los maestros deben ayudar al niño a reafirmar su potencial en vez de sembrarle dudas constantes. Hay muchos

seres humanos frustrados, irrealizados, porque su voz fue apabullada, mutilada o asfixiada. Por contraste, el estímulo desde la
infancia permite un tiempo de maduración imprescindible para
lograr el equilibrio de la autoestima. Nunca es tarde. Incluso en
la adultez se pueden reparar algunos daños del pasado. Pero esto
conlleva muchos ejercicios.

Creo que soy un ejemplo de cómo la voz interior puede
confrontar y remontar las limitantes que traía del pasado. Fui un
niño tímido, que no interactuaba bien con otros por el temor al
rechazo y al fracaso. Prefería no lanzar la pelota para que los
demás no se mofaran de mí. Como muchos otros, no supe im-
ponerme desde el comienzo a los apodos, las burlas y las críticas
de los cabecillas del colegio. Me quedaba leyendo en un rincón,
para no jugar en el patio y no ser el hazmerreír del grupo. No
sabía encarar los juegos abusivos que hoy se conocen como
bullying, bastante cruel por cierto. Crecí sin la figura de mi padre, y bajo la influencia sobreprotectora de mi abuela, a quien
debo muchos de los valores éticos que hoy tengo. Ella fue un
ejemplo de muchas cosas, pero me faltó el modelo masculino.
Mi padre no vivía lejos, pero no estaba demasiado presente.

Cuando cursaba noveno grado, con catorce años, necesité
mucho de la fuerza de mi propia identidad. Estaba en un inter-
nado donde vivía de lunes a viernes y los fines de semana re-
gresaba a casa. Hay quienes dicen que la adolescencia es la edad
de la "aborrescencia", sobre todo para los padres que tienen que
lidiar con la rebeldía de sus hijos. Yo aborrecía estar entre tantos
energúmenos que se burlaban y abusaban de los débiles, y dis-
criminaban a quienes éramos diferentes. Como he dicho, no era
muy sociable, y en esa época padecí conflictos severos en relación con diversos temas, incluido el propósito de vivir. Después

de pedirle a mi madre que moviera cielo y tierra para matricularme en esa escuela prestigiosa, sentía que no podía vivir allí. La presión grupal me asfixiaba. Tenía que complacer al grupo para poder pertenecer.

Un día ocurrió algo que destapó una grave crisis de personalidad. Aún me estremezco cuando recuerdo el incidente. Al salir de clases llegué al dormitorio y me encontré con los demás chicos, unos 15, que sonreían con cierta picardía malévola. Abrí el pequeño closet de madera donde guardaba mis pertenencias y de pronto sentí un olor fuerte. Un muchacho gritó: "Ismael, préstame tu carpeta negra". El portafolio de plástico negro era un regalo mi padre, recuerdo de un congreso internacional al que había asistido.

Todos rieron. Abrí la carpeta y constaté que habían puesto excrementos dentro. El mundo se paralizó, dejé de respirar y me abalancé furioso contra el primero que tenía delante; pero los demás me sujetaron, mientras otros me daban bofetadas y me retaban diciendo: "¿Qué vas a hacer, eh? Dale, si tú no te sabes ni defender..." Llamé a mi madre desde la oficina del director y le dije que si no me sacaba de ahí me lanzaría del quinto piso. Mi madre, desesperada, se trasladó hasta la escuela y le dijo al director en pleno curso escolar: "Me llevo a mi hijo".

Hoy en día se habla mucho del *bullying* y estas situaciones suelen abordarse sobre todo con la víctima. Creo que debe prestarse más atención al *bully*, al adolescente dominante que humilla, ultraja y abusa de los demás. Una de las satisfacciones que la vida me ha dado es comprobar que muchos de mis compañeros luego se arrepintieron. Hoy me respetan, pero en esa época me causaron dolor, angustia y muchos conflictos. Desde la niñez se van formando valores, creencias y mecanismos de proyección social. Los niños reflejan como un espejo los conflictos que perciben entre los adultos de su entorno. Si tenemos influencia en la vida temprana de un niño o adolescente, debemos ayudarlo a incorporarse al mundo con bondad y tolerancia.

Un gran amigo sufrió una paliza terrible a manos de sus compañeros de clase. Nunca ha podido despojarse del sentimiento de inferioridad, de no ser aceptado por el clan. Además, aún tiene secuelas físicas que le recuerdan esa etapa: uno de sus dedos no se endereza del todo porque un golpe le desmembró un ligamento. Nada justifica el abuso, la humillación o la violencia.

La meditación como herramienta

Hace unos pocos años, si alguien me hubiera dicho que yo, Ismael Cala, escribiría sobre meditación, le hubiese respondido: "Estás loco, fuera de tu zona". La vida nos enseña a no decir "de esta agua no beberé". No soy ni siquiera un estudiante avanzado en meditación, diría que quizás intermedio. Pero sí soy consciente de que es el camino a la iluminación, a la más válida experiencia del ser.

La meditación es purificación y combustible para el alma. Es el lugar de contemplación y conciencia del presente, el espacio de conexión pura e indivisible con el ser. Es una mirada con todos los sentidos a nuestra esencia más profunda: el espíritu de lo que somos.

Aún hoy, no logro permanecer mucho tiempo en un estado de contemplación donde controlo el ir y venir de mis pensamientos y puedo cancelar los que no son bienvenidos. Sin embargo, todo es cuestión de práctica, y cada día consigo estar un momento más en este umbral de paz y perfecto equilibrio. Este éxtasis no llega por obra y gracia del espíritu santo, o por lo menos no en mi caso. Es parte de un ejercicio de voluntad y disciplina que hago con toda conciencia. Para mí, los mejores momentos de meditación tienen lugar en medio de la naturaleza. No hay mayor conexión que la que se produce entonces con todo lo que nos rodea.

Sin embargo, es posible meditar en cualquier parte donde uno encuentre tranquilidad, silencio y paz y, al menos para mí, un mantra o alguna música. Por lo general, se emplea música sin demasiada melodía, para que la mente no se entretenga repitiendo sus pasajes. A veces, basta con poner la cabeza en la almohada antes de dormir y cerrar los ojos para trasladarse a un lugar donde la naturaleza y el alma se sienten en pura sinergia. La película *Avatar* me dejó con la boca abierta, por la enorme capacidad de James Cameron de imaginar el universo de Pandora. En ocasiones imagino paisajes muy al estilo de *Avatar* y llego hasta allí, en medio de una paz que me permite permanecer en plena quietud, sin problemas, pero con emociones.

Las primeras veces que intenté meditar, mi cabeza no resistía la idea de mantener los ojos cerrados. Los pensamientos se agolpaban y me sentía prisionero en mi propia mente. Semanas después, ya buscaba ese momento como un oasis diario. La necesidad de equilibrar mi energía, más que el placer, me obligaba a meditar. La meditación crea un sentimiento de pertenencia con algo más que el mundo ordinario. Te hace conectar con una dimensión sensorial diferente, entre el tiempo y el espacio. Las palabras no me alcanzan para describir lo que siento cuando conecto mi espíritu con el todo al que pertenece. Es una experiencia que me desborda de alegría y paz, y además se refleja químicamente en mi cerebro. Al terminar, soy más positivo, y estoy más centrado, paciente, armónico y tolerante.

Hoy, con toda seguridad, puedo decir que meditar es la mejor inversión que podemos hacer como seres humanos. Le damos demasiada importancia al cuerpo y a su imagen. Está bien que lo cuidemos, pues es la armazón del espíritu, pero esta atención solo será equilibrada si entendemos que también debemos nutrir el alma para ser sanos y felices. El yoga, por ejemplo, nos acerca a la filosofía de vida oriental, donde la paz interior es lo único que trasciende y dura, y la autorrealización recompensa al espíritu humano. Todo lo demás carece de sentido.

Meditar y practicar yoga nos pone en contacto con la necesidad de conectarnos con el presente. En otros momentos del día, nos ahogamos en demasiada comodidad, y hacemos lo mismo con nuestro espíritu, que se diluye entre demasiadas opciones. Meditar y practicar yoga es la forma más directa de escuchar alma y cuerpo a la vez.

¿Qué hacer con los pensamientos limitantes?

Cuando entras en el espacio de la
nada, todo se convierte en conocido.
—Buda

A menudo, nos cuesta entender que no somos solamente nuestros pensamientos. Los pensamientos son parte del conocimiento adquirido, que recrea la manera en que leemos y damos sentido al mundo. Hay mucha gente que nunca se cuestiona la forma en que piensa, la cosmovisión de los fenómenos que ocurren a su alrededor. ¿Cuántas personas que conoces hablan de su búsqueda espiritual? No me refiero a su fe o religión, sino a su conexión espiritual. La mayoría no se atreve. La vida en Occidente nos ha ofrecido tanta comodidad que está matando nuestra esencia y acabando con nuestra paz interior.

Yo lo sabía ya, pero no lograba visualizar el concepto. Sin embargo, los grandes maestros espirituales transmiten su secreto a voces: la comodidad mata. Así leí en el libro *Ser como Dios: Kabbalah y nuestro último destino*, que me regaló Franklin Mirabal. Lo mismo piensa el señor Bikram Choudhury cuando cita el dicho indio: *Arama, Haram, hai. Arama* significa comodidad, *haram*, destruir, y *hai*, tranquilidad. Es decir: *La comodidad destruye la tranquilidad.*

Te contaba que esto ya lo sentí en algún momento de mi vida. Cuando constato lo que alcancé recién llegado a Canadá, pienso: *Fue la necesidad la que me hizo crecer, no la comodidad.* En Canadá no tuve demasiadas opciones, pero sí más que en mi país natal. En Cuba, de hecho, las personas se vuelven muy ingeniosas ante la ausencia de alternativas. No hay demasiadas opciones. En India, mucha gente entiende que lo más importante para ser feliz es conseguir la paz consigo mismo. Los valores son muy importantes, y las tradiciones también. Cada sociedad tiene luces y sombras. Aquí alabo la parte más espiritual de la sociedad india, no otras tradiciones como los matrimonios arreglados entre familias, por solo citar una peculiaridad que no comparto.

La realidad es que cuando no tienes demasiadas opciones, la vida te impone lo que debes y puedes hacer. A veces las opciones nos aniquilan. A mí, en lo personal, la comodidad me paraliza. Por ejemplo, estar en una zona de seguridad, predecir qué va a pasar profesionalmente en los próximos cinco años, me aniquilaría. Sin embargo, he tenido que aprender a ser creativo, a luchar por mis libertades y asumir retos para modificar la rutina.

El gran maestro venezolano Carlos Cruz Diez, uno de los padres del cinetismo, me decía en una brillante conversación sobre su vida que a él también lo paralizaba la seguridad, y le bloqueaba la creatividad. Él, en su momento, tenía un trabajo con horarios y deberes, pero su mente seguía libre, inspirada sin horarios ni ataduras. Pero se llenó de valor y tomó el riesgo de comenzar su carrera, abrir un taller y seguir su pasión por el color y el movimiento. Como todo en la vida, el camino estuvo lleno de obstáculos. Pero cuando uno sabe que se trata de una carrera de resistencia y no de velocidad, se aprende a conservar la energía para sortear muchas dificultades. Cuando lo entrevisté en 2012, a sus ochenta y tantos años, Cruz Diez me dio una clase magistral de vida. Además, compartió con el público un consejo que recibió de un sabio: *Desconfía de quien no sonríe*.

La vida no tiene que ser la que el mundo exterior nos imponga. Incluso en las condiciones más nefastas, podemos ver las cosas desde un mejor punto de vista. **El mundo exterior, muchas veces, se pinta del mismo color de las paredes interiores de nuestra verdadera casa, que es el alma.** Que ese tono sea el color de tu esperanza, de tu luz, de tu verdad, de tu amor, de tu éxito.

ESCUCHA: DE MI LIBRETA DE APUNTES

1. Pregúntate en voz alta: ¿Quién eres? Di tu nombre con firmeza, repítelo tres veces. Luego, sin pensar demasiado, deja que tu mente suelte lo que quiera, que defina quién eres. Anota lo que sale de tu boca.

2. Intenta romper las rutinas. Toma nota de tus principales actividades diarias y analiza cómo variar el orden e impregnarlas de mayor creatividad. Todo tiene su propia dramaturgia. Hay tareas que combinadas se realizan mejor. Si caminas todos los días por el mismo lugar, busca detalles que signifiquen algo nuevo para ti.

3. Recuerda que la única manera de encontrar nuestra voz interior es disfrutar del soliloquio. Prueba permanecer a solas, busca momentos de soledad para examinarte a ti mismo.

4. Aprende a distinguir el ego positivo del negativo mientras buscas tu voz interior. El ego malo perturba, nubla, bloquea y anula; pero el bueno mueve montañas desde la bondad y el amor. Cierra los ojos y pregúntate cómo administras tu ego. Cuántas veces has hecho uso de virtudes o habilidades para imponerte a los demás en el diálogo. Pregúntate si queda espacio en ti para ser tolerante con los otros, aunque no compartas sus opiniones o disfrutes mayor estatus social.

5. Hay demasiados seres humanos frustrados, porque su voz fue apabullada, mutilada y asfixiada durante la infancia. Procura evitarles este trauma a los niños de tu entorno. Ayúdales a buscar tempranamente el equilibrio de la autoestima. No fomentes exclusividades, ni altanería social. Compartir lo que se tiene, expresar los sentimientos y educar en la convivencia es un buen camino.

Capítulo 4

~

Crecer y conectar:
Un camino

¿Todo lo que existe en el universo material es producto de nuestra mente? Durante años me debatí con este pensamiento sin encontrar una respuesta absoluta, pero, ¿quién la tiene? Cada cual responde según su cosmovisión del mundo, con sus paradigmas y percepciones emocionales de los hechos. Lo que sí me queda claro, a fuerza de tropezones y ensayos, es que el pensamiento es energía y ambos se retroalimentan. Hay un ciclo vital en nuestra mente, un ciclo en espiral hacia el desarrollo. Sin embargo, para crecer como personas hace falta un gran equilibrio interno que nos permita dominar las emociones e identificar si son productivas o son tóxicas. Este es el propósito de cultivar la salud emocional. No debemos abandonarla al libre albedrío, pues la mente puede convertirse en nuestro peor enemigo.

El analfabeto emocional no entiende por qué piensa. Vive emociones tóxicas, reacciona y actúa de manera irracional. Muchos, en vez de recorrer ese círculo en espiral hacia el desarrollo personal, se dejan arrastrar hacia un círculo vicioso del que no logran salir. Al margen de nuestra cultura o nuestro lugar de origen, todos estamos expuestos a pérdidas, desilusiones, traiciones, fracasos, errores, alegrías, desafíos y abusos. **No podemos controlar las circunstancias externas de nuestra vida.** Estas circunstancias, sin embargo, generan pensamientos, emociones y sentimientos que desembocan en comportamientos disímiles. Nuestros actos, que nacen de estos estados de ánimo y acarrean consecuencias distintas. De ahí que el ciclo se autogenere, pues según nuestra reacción, responderá también el universo.

Seamos dueños de las emociones

La raza humana, suele postularse, es una especie superior racional. Pero demasiados capítulos de la historia de la humanidad prueban lo contrario. La irracionalidad y el salvajismo imperan a menudo en nuestra civilización y sacan a la luz lo más negativo del ser humano. Sin ir más lejos, en muchos hogares se desatan conflictos inverosímiles por un problema minúsculo. Las emociones lo amplifican y lo sobredimensionan hasta hacerlo inmenso. ¿Por qué nos convierten en lobos feroces en un abrir y cerrar de ojos? ¿Qué pasa si no logramos conocerlas y amaestrarlas como buenos encantadores de serpientes?

Las emociones afectan y condicionan la vida diaria, para bien o para mal. De más está decir que influyen y moldean nuestras decisiones. Las vivimos, vibramos con ellas y las mostramos al mundo a través del rostro. Difícilmente podemos disimularlas. El dominio de las emociones —la llamada inteligencia emocional— es la clave para una buena salud mental. Si eres de los que no creen en la psicología como terapia profesional, esto quizás te suene demasiado teórico. Te aseguro que, más allá de la inteligencia racional e intelectual, ser amos y dueños de nuestros pensamientos nos allana el camino hacia nuestras metas.

La inteligencia emocional no es más que la conciencia que tenemos de nuestros pensamientos: buenos, malos, limitantes, intoxicantes. Existe un cáncer muy difícil de extirpar, que a menudo hace metástasis y corroe nuestras vidas: se trata del cáncer emocional. **Muchos profesionales exitosos no alcanzan la felicidad porque sus pensamientos están constantemente secuestrados por emociones tóxicas.** Sin embargo, esta intoxicación enfermiza puede curarse con fuerza de voluntad, auto-reconocimiento y —por qué no— con ayuda profesional.

En nuestro tránsito por el mundo, deberíamos estar más atentos al placer de caminar que a la prisa por llegar a un destino. En este sentido, una prioridad es aprender a observar y conocer nuestros sentimientos, comportamientos y reacciones, al igual que sus manifestaciones físicas y sensoriales. Aprender a manejar las emociones nos ayuda a controlar el estrés, las circunstancias cotidianas y a tomar las mejores decisiones. Ser dueño de tus emociones equivale a tener una salud sana y a mejores relaciones con los demás. Así nos convertimos en dueños del resultado de nuestras relaciones interpersonales. Nos anticipamos al resultado o al significado de nuestras metas.

Para controlar las emociones hay que reinventarse a sí mismo. Hace falta crear nuevas capacidades de resistencia ante la frustración de no poder manejar los acontecimientos, que son como una lotería. Es fácil ser positivo cuando todo anda bien. Pero si la situación es contraria, ser dueños de nuestra mente y controlar nuestras emociones son herramientas que debemos dominar a la perfección. Te lo digo por experiencia: sí se puede. Si tienes dudas y aún no logras superar las barreras de tu inconsciente, mira a tu alrededor y busca personas exitosas. Estúdialas, lee sus biografías, indaga y verás que han salido adelante por su gran capacidad de control ante la frustración, el rechazo y el relativo fracaso de sus intentos.

Hace algunos años, hice un ejercicio con mis hermanos, para tratar de entender por qué a los tres nos gustaban ciertos tipos de comida y muchos otros no. Descubrí el origen de nuestro limitado paladar: cuando era un bebé, mi hermano Alexis tuvo serios problemas digestivos y tenía que alimentarse con dieta líquida, y mi madre, que era mamá soltera, hacía la misma dieta para los tres. De ahí que los tres Calitas crecimos sin masticar sólidos y ya luego ejercitar la mandíbula nos costaba demasiado trabajo. Hoy, después de los 40, no soporto masticar la carne roja, y en el fondo me alegro. Tras averiguar la causa de estas preferencias, me he aventurado hacia nuevos sabores. Mis hermanos, sin embargo, nunca han logrado probar alimentos distintos de los de nuestra infancia y adolescencia. Por ejemplo, el brócoli o la coliflor, algo que en Cuba en esa época no era parte de la dieta popular. Si no te place algún comportamiento de tu mundo cotidiano, revisa cómo lo percibes, de dónde viene el pensamiento limitante que asocias con esta emoción. **En la vida, para evolucionar, hay que salir de la zona de confort.**

Arriesgarse y cambiar es la única manera de crecer. Eso lo demuestra la teoría de la evolución. No importa si crees en la formación divina del universo o en Darwin. Lo que resulta innegable es la capacidad de las especies para adaptarse al medio, sobrevivir y mutar, de acuerdo con las condiciones del entorno.

Nosotros mismos, guiados por Dios, estamos al mando de nuestra vida. No somos los únicos responsables de todo lo que nos pasa, pero debemos adoptar una acción de pensamiento y comportamiento con miras a una finalidad. Es decir, encontrar nuestro propio norte. Esta **finalidad no es sinónimo de metas concretas, que van, vienen, y quedan atrás en el camino** como señales de carretera. **La finalidad es una misión que abarca más de lo que somos o hacemos.** Durante muchos años fui un hacedor de metas. Después de entender la diferencia, la finalidad que me tracé fue ser feliz y hacer felices a los que me rodean, aportar algo que haga la diferencia en los demás, aprovechar el don comunicacional que Dios me concedió (y que con ayuda de muchos he cultivado) para actuar a favor del bien y el crecimiento espiritual. Mi finalidad es encontrar cada día un espacio para crecer en paz interior, armonía y sinergia con mi mundo. No juzgarme, no juzgar a priori. ¡Crecer en tolerancia, en abundancia espiritual!

Te invito a que dediques unos minutos, ahora mismo, a escribir en un párrafo qué pensamientos podrían convertirse en principios o mandamientos de tu vida. Sé que las religiones ya tienen sus propios principios, pero aunque seas practicante de alguna, procura que las palabras fluyan del alma y no del recuerdo o la liturgia de tu fe. Cada persona tiene su propia percepción de la vida. Te sorprenderás de lo que puedes escribir. Solo te pido que deseches todo lo material que te venga a la mente.

Las emociones no son cosas

Un gran problema de los seres humanos es que asociamos emociones con objetos. Es un craso error de inmadurez emocional muy difícil de superar, si no estamos educados en principios espirituales como los del budismo y otras filosofías orientales. El gran caos en el que vive hoy nuestro mundo emocional se debe a la materialización excesiva de la satisfacción. Y, por ende, a la falsa idea de alcanzar la felicidad. ¿Cuántas veces nos hemos sorprendido en un lastimoso estado de indigencia espiritual? Como dice Bruno Torres, gran amigo y contribuyente en este libro, se puede ser rico e indigente al mismo tiempo. Se puede poseer una gran fortuna, hacer mucho dinero, pero ser un pordiosero espiritual y emocional. También se puede no tener mucho materialmente y vivir como un millonario emocional. Por supuesto, el equilibrio entre ambos mundos es posible. Hoy en día, por ejemplo, dependemos de muchos objetos y artilugios tecnológicos. No pretendo que seas un monje, ni que te conviertas en un iluminado del desapego extremo de lo material. El progreso es parte del legado más trascendental de la raza humana. Sin embargo, hay que buscar un verdadero equilibrio donde lo material nos haga más libres, capaces y plenos, en vez de esclavizarnos, hipotecarnos y frustrarnos.

Tomemos el simple ejemplo de lo que representa un automóvil en nuestra vida. La realidad es que constituye una extensión de las piernas, y así lo deberíamos concebir. Sin embargo, para muchos es el complemento más visible de su estatus social o económico. Conozco personas que, por su salario, no pueden adquirir un automóvil último modelo, pero terminan comprándolo, por la supuesta obligación de aparentar un estilo de vida que no pueden costear. Es una triste realidad de la sociedad de consumo: la única manera de seguir creando empleos y moviendo la economía es mantener al individuo insatisfecho y a la vez frustrado. Si añadimos la tendencia a competir, a querer superar al vecino, al amigo o al compañero de trabajo, no estaremos lejos de la envidia. Es una "emoción-sentimiento" endemoniada, de la cual sólo me he liberado después de largos años de combate sin tregua.

Compré mi primer auto con 32 años, cuando estudiaba en Toronto, Canadá, y contaba con muy pocos recursos económicos. Era un Chevy Cavalier básico. En una ocasión, una amiga buscó frustrada el botón de la ventanilla eléctrica y me dijo:

—¿Cómo diablos bajo esta ventana, Ismael?

Le contesté:

—No tiene botón. ¿Acaso no ves la manija en la puerta?

Entonces respondió sorprendida:

—No puedo creerlo, estás en la prehistoria. ¿Quién compra autos sin ventanilla eléctrica?

Yo volví a la carga:

—Un recién llegado, inmigrante, aún luchando por establecerse y que no cuenta con tres mil dólares extra para instalar el famoso botoncito.

Y entonces, agregué:

—No te preocupes. Lo que sí tiene son bolsas de aire, por si acaso un loco se nos atraviesa en el camino y golpea el lado donde vas sentada. ¡Estás a salvo!

Confieso que el comentario me molestó. Lo normal es que todos pensemos en un auto con muchas funcionalidades, que a veces no usamos aunque siempre las paguemos. Lo que más me sorprendió de aquella conversación fue cómo un simple botón despertaba diversas emociones en los dos. Ella estaba frustrada por tener que darle vueltas a una manija, y yo indignado por sus reclamos petulantes.

En Toronto, vi un caso que reforzó mi idea de que en la vida todo es cuestión de percepción. La secretaria de mi empresa iba en un Mercedes Benz último modelo, mientras que el presidente, más modesto, manejaba un Toyota Camry. Esta situación era tema de comentarios en los pasillos, pues muchos no podían creer tal disparidad. Sin embargo, el presidente decía que a él le gustaba su auto. Le parecía que pagaba lo justo por el uso que le daba: ir de la casa al trabajo. En su residencia tenía otro muy lujoso, de carreras, que era su juguete preferido y en el cual había invertido mucho dinero.

Hablo sobre autos para entender cómo anexamos valor emocional a cosas que en realidad no lo tienen tanto. Sin embargo, si nos conectamos con los objetos desde la gratitud, volcaremos sobre ellos emociones positivas porque nos hacen la vida más fácil. Por ejemplo, mi amiga Magda le pone nombre a sus autos, una costumbre que yo adopté luego con los míos. Al último lo bauticé "Mercy". Era el único modelo que me podía permitir en régimen de *leasing* (arrendamiento). Magda y yo nos conectamos de la misma manera con los autos. No por cuánto corren, sino porque constituyen un valor agregado en nuestra calidad de vida, nos transportan y entretienen. Agradezco cada día que mi automóvil sea confiable y preciso. Está claro que el éxito en el timón es cosa de dos: el auto pone la fiabilidad técnica y nosotros la maniobra.

Magda llama "Rubi" a su auto. Creo que es una manera de personalizar su gratitud a la hora de enviar energía al universo.

Repito: cada persona es un mundo y adapta lo que desea del conocimiento infinito a su alrededor. Las vibraciones que uno lanza al universo se revierten en más de lo mismo. Las buenas vibraciones emocionales regresan con fuerza, e incluso recibimos más de lo que imaginamos. Las emociones negativas, bajas y oscuras atraen situaciones similares en nuestras vidas. **La gratitud es el sentimiento que más beneficios nos reporta.** De esto no tengo la menor duda.

Es un sentimiento universal que, salvo que no tengamos capacidad cognitiva, todos los seres humanos podemos ejercitar. Si nos hacemos maestros y logramos graduarnos como diplomados en Gratitud, lograremos ser más felices de lo que jamás hemos sido. Invito a todos a encontrar esa voz emocional de gratitud en su interior.

Agradece día a día

Si al irnos a la cama y al levantarnos dedicamos unos segundos a dar gracias por tres cosas que nos pasaron durante el día, nuestra mente quedará programada en positivo. Siempre hay algo que agradecer. Ya sea el acierto para enfrentar un tropiezo, o hasta el tropiezo mismo, que aunque resulte aparentemente negativo puede servirnos para evitar cosas peores. Debemos agradecer la presencia de los seres queridos: no cuando se produce su ausencia, sino a diario. Es raro que nos dignemos a dar las gracias por los logros que ya hemos conseguido, pero debería ser normal. Dar gracias por estar vivos, despiertos, conscientes, por poder leer estas páginas e interactuar con otros seres humanos. Motivos no nos faltan.

La falta de gratitud que ronda el mundo suele traernos infelicidad. Sin generalizar, porque hay de todo en la viña del Señor, siento que gran parte de la humanidad está demasiado ocupada en sobrevivir, más que en vivir a plenitud. De ahí el desequilibrio visible en tantos conflictos sociales. **Demos gracias cada día por lo que tenemos, por lo que desearíamos. También por lo que no alcanzamos pero hizo crecer nuestra capacidad de entendimiento.** Demos gracias desde la abundancia de espíritu que crea abundancia en nuestras vidas.

Una vez más, creo que es valioso poner por escrito lo que estamos analizando. En la vida práctica, los hechos relevantes se ponen todos por escrito, comenzando con el certificado de nacimiento y terminando con el de defunción, que es el único que no podemos leer. ¿Por qué no escribir también nuestros propósitos de vida a corto o largo plazo? Seamos concretos y equilibrados, e incluyamos un plan antisísmico para proteger las emociones si dichas metas no se cumplen al pie de la letra. Estoy seguro de que empezarán a fortalecerse en cuanto las escribas. Las respetarás y adquirirán una dimensión física y universal trascendente.

Es casi imposible montar un negocio sin un plan escrito de emprendimiento. La vida es tu negocio, somos el CEO de nuestra empresa. ¿Por qué entonces no escribir, pensar y compartir lo que queremos? ¿Por qué no expresar formalmente lo que deseamos como seres de energía y emociones? Pide lo que emocionalmente quieres sentir, más allá de lo que materialmente tengas. Crea un programa de aspiración de crecimiento. Y en esa ecuación no dejes de contar con la voz emocional para potenciar, anticipar o frenar los planes basados en un profundo pensamiento racional.

Cada emoción emite una energía, una vibración. Las emociones o emisiones emocionales trascienden nuestro cuerpo e interactúan con otras fuentes: la energía y los estados emocionales de otros, la energía de la naturaleza o la de un poder superior. Llámese como se llame, Dios es amor, energía, esencia, y el universo está compuesto de incesantes intercambios energéticos. No existimos sin ellos. Hagámoslos cómplices de nuestro bienestar, en vez de accionar frenos involuntarios de resistencia.

Humildad emocional

Para ser emocionalmente inteligentes, debemos ser emocionalmente humildes. Reconocer que no somos el centro de todo, que nuestras emociones no determinan el rumbo del universo, que simplemente son resortes para reaccionar ante lo externo. O lo que es aún más extraño: ante aquellas partes de nuestro interior que no hemos sabido escuchar.

De joven fui bastante solitario e introvertido. Quizás lo hayas descubierto en las anécdotas anteriores. No era un ser conectado, no era lo suficientemente sano. Sin embargo, estudiando el caso de mi padre, me di cuenta que ése era el primer problema a superar. Me faltaba sentir una conexión con el mundo. Constatar el sentido de pertenencia que nos otorga una minúscula parte del universo, donde nos engarzamos como las perlas de un perfecto collar. En realidad, así comencé a ver el mundo: como perlas unidas por algo más grande, superior y magnífico que la existencia personal. A partir de entonces, traté de socializar aún más con mi propio padre, que permanecía encerrado en su habitación, horas y horas, ensimismado. Confieso que de niño también lo estuve, pero luego fui a la conquista de un mundo que me parecía hostil.

Ser humildes, emocionalmente, significa que entendemos que no disponemos del poder absoluto para controlar lo que sucede; pero sí el de aprender a reaccionar con madurez. **Ser humildes, emocionalmente hablando, es ganar acceso a la energía infinita, superior y eterna que se manifiesta en un nivel mucho más profundo e intangible de nuestra cotidianidad.** Es necesario remontarnos a la mitología de los griegos, que creían en la existencia de los dioses, los semidioses y los mortales. Vale recordarnos cada día que somos parte de la clase mortal. Es importante reconocer con humildad que no nacimos el día en que mamá dio a luz y que somos más que carne y hueso. Me atrevería a asegurar que las personas que sienten mayor bienestar son las que están convencidas de no estar solas en el camino, de que existe algo, un Dios, una fuerza que los guía, protege y acepta.

Cuando hablo de conectar nuestras emociones con algo superior, me refiero a lo que los creyentes depositamos en Dios y otras civilizaciones orientales y los aborígenes americanos confían a la naturaleza y a las fuerzas del espacio. Sea lo que fuere, es una manera de conectarnos y sentir que pertenecemos a algo más fuerte que nuestro cuerpo terrenal, frágil y con fecha de caducidad. No pretendo, con estas reflexiones, ponerme a la altura de un monje tibetano budista rinpoche que durante toda la vida se prepara para cultivar compasión por el prójimo y sabiduría espiritual. Ellos son maestros de la inteligencia emocional. No siempre pueden cambiar los eventos que les toca vivir, pero sí tienen fuerza y determinación para alterarlos, quizás retrasarlos y enfrentarlos de la manera más positiva.

Espiritualidad y salud

En los últimos tiempos, la medicina occidental toma más en cuenta los temas espirituales como factores positivos para la salud. Una mente sana es emocionalmente inteligente: no divaga solo en lo que debe hacer, sino en lo que quiere ser, cómo quiere crecer. Varias universidades de Norteamérica, entre ellas Harvard, Johns Hopkins, Duke y Pensilvania, reconocen que los trabajadores de la salud deben tener presente la espiritualidad en la calidad de vida de sus pacientes. No creo que exista una única definición de espiritualidad. Pero sí que el ser espiritual busca su voz interior, su inteligencia emocional, y tiene un sentido de propósito y paz. ¿Acaso quien cultiva la espiritualidad pone en riesgo su bienestar? No, todo lo contrario. Por lo general, los seres humanos que aspiramos a una inteligencia emocional coherente y sana recibimos a cambio bienestar y salud física.

Hablo de la espiritualidad porque, sea cual fuere la práctica con la que buscamos la paz interior, su influencia en nuestro estado de ánimo es enorme. Las emociones y los sentimientos definen qué tan felices nos percibimos, y de ahí procede la autoestima. Yo, por ejemplo descubrí que podía alejar la depresión a través de la meditación y las oraciones. Fue en la difícil situación existencial en la que vivía en Cuba, tras terminar la universidad. Al cabo de cinco arduos años de estudio con notas brillantes, en mi primer trabajo recibía un triste salario equivalente a dos dólares mensuales. Me estresaba no saber qué iba a ser de mí, y la ausencia de recompensas en la sociedad cubana aumentaba mi frustración. Conversaba con mis amigos íntimos y lograba desterrarla en menos de 72 horas. Pero por momentos, la depresión se adueñaba de mí. Estaba dispuesto a salir de Cuba como fuera.

En medio de la desesperanza, oraba a Dios pidiendo una salida, un camino, una señal. Nada podía hacer para transformar el entorno. Lo único posible era adquirir recursos para ser más fuerte y mantener la paz en esas condiciones. Incluso era difícil pensar en medio de tanta adversidad. A veces, en la noche, caminaba seis kilómetros desde la ciudad hasta mi pueblo, por falta de transporte público. No había muchas opciones para comer. Lo "normal" era arroz blanco y medio plátano duro hervido. Tampoco teníamos papel higiénico. Intentábamos suplirlo con periódicos y hojas de plátano. Sin embargo, también nos burlábamos de nuestros males. La risa y el humor negro nos ayudaban a soportar, con paciencia, el proceso que vivíamos.

Entonces, yo era un ser emocionalmente volátil. Podía estar bien, tranquilo, en paz, y, de repente, se iba la luz. Un corte de la electricidad podía extenderse por más de cuatro horas y mi respuesta inmediata era de ira, malestar, angustia. La verdad es que también contaminaba la energía de otras personas, porque empezaba a maldecir la situación, el país, el gobierno, y todo. Poco me importaban las justificaciones de las autoridades, pues, según ellas, la culpa siempre la tenían "los otros". Mi desequilibrio emocional era tal que intenté emigrar en balsa, como ya he contado. Afortunadamente, la expedición, que zarpó de Santiago de Cuba a la base naval de Guantánamo, me dejó en tierra. De hecho, me engañaron en relación con el día de salida. Una amiga tenía el encargo de contactar con los organizadores, pero siempre mostró temor. Nos dejaron varados para evitar sorpresas. Ellos llegaron sin problemas. Aquella noche no fui a casa, me sentí totalmente desesperanzado. Era un inadaptado, sin alternativas para vivir mejor.

Sin embargo, algo siempre allana el camino. Descubrí que si

la radio pagaba poco y la realidad del país me asfixiaba, podía refugiarme en un sitio donde la crisis se sintiera menos. Entonces decidí trabajar como animador en el recién inaugurado Hotel Santiago. Allí había desarrollado mi tesis de grado, en la carrera de Historia del Arte, con el tema "Animación turística y promoción cultural en Santiago de Cuba". Desde entonces, no sufrí tanto los apagones ni la falta de comida. Además, comencé a conectarme con el mundo exterior. En aquel momento, el Gobierno aún prohibía a los cubanos alojarse en hoteles de turismo internacional. Esto nunca lo entendí, me hacía sentir incómodo, un ciudadano de quinta categoría en mi propia tierra. La solución la encontré cuando pude observar (emocionalmente) la realidad circundante con más pragmatismo. Entonces, me llené de paz e ideas, a la espera de que Dios sembrara en mi mente una solución, al menos temporal.

Estoy convencido de que el bienestar espiritual y la conexión con uno mismo a través de la meditación y la oración apaciguan el sistema nervioso. Existen estudios médicos que sugieren que cultivar la espiritualidad puede ayudar a los pacientes con padecimientos del corazón. Tiene todo el sentido del mundo. ¿O acaso en muchas emociones negativas y tóxicas, como la ira, no se alojan síntomas físicos nefastos que podrían destruir parte de lo que somos y hemos creado? Los crímenes pasionales son ejemplos extremos de emociones en erupción, que desencadenan los más bajos instintos en el ser humano. En ellos encontramos un nivel de inteligencia emocional cero. Muchos eventos pueden alterar nuestro equilibrio emocional para que sintamos negatividad. En mi caso, los problemas laborales siempre constituyeron un gran desestabilizador, junto a las mudanzas, las enfermedades y la incertidumbre. Sobre todo, cuando estás a la espera de una decisión. Otros eventos del círculo de seguridad más cercano también nos cambian las emociones, como la familia y los amigos. Esta red de apoyo influye directamente en cómo nos sentimos.

Te propongo un ejercicio para identificar, al menos, los cinco eventos que afectan más frecuentemente tus estados emocionales. Creo que cada problema ve nacer posibles soluciones, una vez que logramos honestamente hacerle la *autopsia* y saber qué lo provoca. En este ejercicio podemos ver las causas que detonan la emoción negativa, cómo la vives, qué la provoca. Este es un buen primer paso para desintoxicarnos, además de identificar qué emociones debemos mantener controladas. El Dalai Lama habla de 84.000 tipos de emociones negativas, que pueden compendiarse en cinco: el odio, el deseo, la ignorancia, el orgullo y la envidia.

El trencito de mi envidia

Una de las emociones que tuve que purgar desde muy joven fue la envidia, porque vivirla, entenderla y desterrarla forma parte del crecimiento emocional de cada ser humano. Fue un proceso costoso, pues la envidia puede disfrazarse de "llamado de justicia", y así la justificaba en mi infancia y adolescencia. La injusticia existe en el mundo, nadie lo duda, y de hecho la condeno. Pero, siendo realistas, el comunismo, un sistema donde supuestamente todos somos iguales y cada quien recibe de acuerdo a sus necesidades, es una utopía que anula la motivación individual del ser humano.

Recuerdo haber experimentado el sentimiento de envidia

desde niño. En mi Cuba natal comunista, socialista, o como la quieran etiquetar, todo estaba racionado. Pero, aunque el reparto parecía igualitario, no era realmente así. No recibíamos todos lo mismo en aquel sistema. Cuando triunfó la revolución en 1959, el gobierno cubano racionó los juguetes, al igual que hizo con la alimentación y la ropa. Mi madre vivía una verdadera agonía. Las colas para comprar eran frustrantes. Mis hermanos y yo mirábamos obnubilados las vidrieras de las tiendas, rogando que los juguetes esperaran por nosotros, el día y la hora en que nos tocaba comprar.

Los juguetes estaban clasificados en básicos, no básicos y dirigidos. Solo podía comprarse uno por cada categoría. Hoy me da risa pensar en aquello, pero todo en la vida deja una lección. Los afortunados con turnos bajos tenían la suerte de conseguir los más apetecidos. En muchas ocasiones, los últimos de la lista ni siquiera podían aspirar al llamado "juguete básico". De ahí que Ismael, un niño de seis años, esperara ansioso el día en que el gobierno ponía a la venta, una vez al año, los juguetes. En mi mente, tal como explicaba mi maestra, la distribución comunista era igualitaria. Tres juguetes por niño, de acuerdo con los tickets de la tarjeta de racionamiento. La idea sonaba justa, regulada y planificada, como el sistema proclamaba.

La lotería de juguetes se llevaba a cabo en las tiendas de cada localidad. Los turnos se rifaban entre los niños. Así fue como por tres años me asomé a las vidrieras, a la espera del día reglamentario para comprar. Mi preferido siempre era el mismo: un trencito eléctrico. Los turnos que me correspondían rondaban el número 500 o 600 y, en el mejor año, el 200. Año tras año veía el tren desde la acera y nunca podía alcanzarlo, se me escapaba de las manos.

Una vez fui el día antes, y allí estaba. Me llené de esperanzas y pensé: "Este año sí tengo tren eléctrico". La mañana de la compra aún estaba el tren disponible. Mi mamá me decía: "Piensa en varias opciones, hijo, porque sabes que si no está el tren, algún otro juguete tendrás que llevar". Fin del cuento: a las puertas de comprar el dichoso trencito, otro niño, solo cinco turnos por delante del mío, lo escogió. Una vez más el desconsuelo, y la frustración de una madre que hacía cualquier cosa por satisfacernos.

Para un niño es importante recibir consejos sobre cómo lidiar con la frustración. Mamá nos decía de pequeños: **"Hay que aprender que hay cosas que llegan a destiempo. Ustedes no pueden permitir que la falta del juguete ideal les quite la alegría".** Entonces, yo no la entendía. Al contrario, decía: "¡Qué injusto es este mundo! ¿Por qué a otros que no estudian tanto ni sacan tan buenas notas los recompensan con mejores juguetes?" Y la mente del pequeño Ismael siempre veía con resentimiento el juguete del otro. Mis hermanos también sufrían con el tema. Imagínate una casa con tres varones, prácticamente de la misma edad, y todos pidiendo a gritos sus juguetes favoritos. Así fue que mi madre se vio obligada a comprar, clandestinamente, un turno bajo, y entonces conseguí mi trencito eléctrico. Lo disfruté y lo cuidaba mucho, porque sabía su valor y cuánto había tenido que esperar por él.

Cuando llegué a la adolescencia, aún no me había curado de ese corrosivo cáncer emocional que es la envidia. Veía a mi alrededor los privilegios de los llamados "hijos de mamá y papá" (de dirigentes de la revolución, funcionarios del gobierno), que llegaban a la escuela con chofer, exhibían sus juguetes y ropas y alardeaban de sus viajes exclusivos.

A menudo experimentaba un sentimiento doloroso: ¿Por qué yo no? Hasta en las notas estaba siempre comparándome con los más inteligentes del aula. Competía con un grupo de cuatro ó cinco tratando de ganarles en resultados académicos. No era feliz, pues si alguien más obtenía una buena nota, ese solo hecho me sacaba de mi zona de equilibrio. La envidia no me dejaba disfrutar lo que yo mismo conseguía, con no poco esfuerzo. Nunca estaba conforme con nada. Todo lo alcanzado perdía valor de manera volátil. Pensaba demasiado en las metas, y una vez logradas, perdían su esencia, su fuerza motivadora. Sinceramente, hoy siento que mi mayor crecimiento ha sido en el campo emocional, espiritual. Poco a poco, desterré la envidia, esa enemiga destructiva y tóxica.

Una lección por aprender

Recuerdo perfectamente el momento en que, conscientemente, dejé de comparar mi vida, mi camino, mi éxito, con el de mis compañeros. Al entrar a la universidad me di cuenta de que cada persona tenía una identidad y un camino único. Era totalmente injusto poner mi equilibrio a merced de lo que alguien más consiguiera. A partir de ahí, solo busqué comparaciones saludables con mi propia vida, y el hábito de contrastarme con los demás empezó a ser mucho más sano. El éxito ajeno se convirtió solo en materia de estudio, investigación y celebración. Logré aplaudir el éxito del otro y analizar los mecanismos que le permitían alcanzar ciertas metas y ser el mejor.

Sin embargo, no desterré la envidia de la noche a la mañana. ¡No señor! Se asomaba de vez en cuando, disfrazada en medio del carnaval de emociones que vivía de joven. Cada día era más fácil identificarla y decirle: "Fuera, fuera, fuera de mi mente. ¡Esta no es tu casa!" La verdad es que logré vivir en paz conmigo mismo, y mi círculo de amigos creció mucho. Los demás reconocían que me interesaba escucharlos, estar con ellos y poder ser parte de un grupo.

Si me preguntan de qué me siento más orgulloso, sin dudas responderé: "De haber domesticado mi mente, pues a mis 10, 14, 16 años era un monstruo lleno de inseguridades, conflictos y toxinas emocionales, que no daban paso a la tranquilidad de espíritu". Cabe destacar que una de las cosas que aprendí, lidiando con la enfermedad de mi padre, es que **nadie quiere a su lado a un mártir emocional**, a un personaje que constantemente se queja de sus sufrimientos o que dramatiza su vida.

Todos los seres humanos tenemos una historia que merece ser contada. Esto lo compruebo a diario en mis entrevistas. Me sorprende cómo cada persona es una isla llena de abundancia, historias, dramas, conflictos y evolución, sea rica, de clase media o pobre, en el archipiélago social donde gravita. Por diferentes y particulares razones de vida, la evolución de muchos se va a negativo, o simplemente se pierde, por falta de atención a su espíritu, a su lado emocional. Casi todos los problemas son más grandes por la manera en que los percibimos o enfrentamos. Nos cuesta mucho aprender esta lección, pero es la más importante. **En la universidad de la vida, la maestría de la mente es un grado indispensable.**

La abuela Annea

Mi abuela perdió el equilibrio emocional desde muy joven, cuando su hijo Recaredo cumplió 19 años y murió en un trágico accidente con una máquina de construcción. Su muerte dejó un profundo vacío en toda la familia. Recaredito, como le decían, estaba recién casado, y su esposa, embarazada. Su hijo, Jorge Gonzalo, continuó el legado en la familia, pero no fue motivo suficiente para que mi abuela superase aquella muerte y se diera la oportunidad de devolverle alegría a su corazón. Jorge vivía en otra ciudad y no junto a ella todo el tiempo. Por eso, cuando yo nací, mi abuelita me entregó todo su cariño con la intensidad de una madre. Fui el primero de sus nietos, por parte de mi madre, su hija más apegada y su sostén económico desde los 17 años.

A mi abuela la quise con locura. Era una mujer excepcional, elegante, dedicada, amorosa, aunque muy fuerte de carácter y controladora. A los 14 ó 15 años, sin darse cuenta, me obligó a prepararme para su muerte. Me hacía sufrir cuando repetía constantemente que se moriría ese año. Y así pasaba el tiempo y mi angustia crecía, porque a esa edad no imaginaba mi mundo sin ella. Su obsesión de afectos era conmigo. No con mis dos hermanos ni con sus otros nietos, a los cuales también mimaba con devoción.

La abuela Annea, con el paso de los años, cayó en la trampa emocional de convertirse en una mártir y víctima. Nunca dejó ir el dolor que le causó la pérdida de su hijo, uno de los más terribles que experimenta el ser humano. Su empeño por vivir fue significativo mientras estuvo a cargo de mi crianza, pero se disipó cuando decidí hacer mi vida y mudarme a un apartamento con Eva, mi novia de entonces. Un experimento de convivencia que, por cierto, no fue nada exitoso.

La abuela no lograba salir adelante, por más que yo tratara de convencerla de que se encontraba en una emboscada mental y debía dejarme ir. Mi vida no podía quedar en aquel pueblito cerca de Santiago de Cuba del que mi familia no había querido salir. Ella no aceptaba que yo pudiera vivir lejos de sus faldas, como había vivido hasta que entré en la universidad y comencé a luchar por mi independencia. Con mi abuela aprendí otra condición emocional que no debía repetir: autoconvertirme en mártir o víctima. En un país como Cuba, con un sistema de vida complicado, es muy fácil encontrar un motivo para erigirse en víctimas, en mártires de aquella situación sin horizontes. El mundo exterior me parecía remoto, inalcanzable.

Las decisiones que tomamos, muchas veces, involucran emocionalmente a las personas que más nos aman o a las que más amamos. Emocionalmente vivimos interconectados. Hay momentos en los que sacrificamos una decisión por otra persona, o una relación personal —con el dolor que eso implica— por una decisión o convicción. Entonces nos enfrentamos a una encrucijada. Todos nos hemos visto sometidos a la terrible presión de adoptar una decisión que se debate entre los deseos y la aprobación de los seres queridos. Generalmente, esto sucede en el círculo más cercano de la familia, aunque a veces puede extenderse a encrucijadas con la pareja y hasta con los amigos y colegas. Las que más duelen son las que nos conectan con los seres más próximos. Es en ese momento cuando sabemos si estamos listos para adoptar la mejor decisión y asumir las consecuencias, sin convertirnos en mártires o víctimas de nuestro dictamen.

Mi relación con mi abuela-madre fue tóxica, pero no me di

cuenta hasta la adultez, que en Cuba se proclama legalmente a los 16 años. A esa edad ya logré analizar por qué me sucedieron determinadas cosas en la niñez y la adolescencia. Al irme a la capital del país, mi abuela entró en una fuerte crisis emocional. Su vida perdía sentido con mi ausencia y la tristeza había vuelto a embargarla; su razón de existir eran mis necesidades. La amaba, y aún la amo, y por eso fue tan difícil despedirme cuando partí a La Habana. Ella pensaba que serían solo nueve meses, pero mi madre sabía que la decisión era usar la capital como trampolín para irme del país y abrirme horizontes en otras partes del mundo.

Nueve meses después de radicarme en La Habana, recibí una llamada en Radio Rebelde, la emisora nacional donde trabajaba. Era mi madre, que con desespero me pidió que viajara de urgencia, pues mi abuela estaba ingresada en una sala de psiquiatría. Me quedé atónito. Nunca la habían hospitalizado y aún menos en psiquiatría. Pregunté a mi madre:

—¿Qué tiene?

—Se muere de tristeza porque no estás aquí —me respondió—. No quiere comer, está demacrada y muy flaca. El médico nos dice que ella lo único que pide es verte, que lo mejor que puede recibir en este momento es tu visita.

Aquel fue uno de los días más tristes de mi vida. Cuarenta y ocho horas después entré al hospital donde yacía prácticamente inconsciente y totalmente desnutrida, como nunca antes la había visto. Fue como si le hubiesen caído 15 años encima… en solo nueve meses. Cuando la llamaba desde La Habana, ya sentía que su voz se iba apagando. Mi madre me alertaba de su estado de ánimo y de sus preguntas constantes: "¿Cuándo viene Meli?" (como ella me decía, por Melitín, mi sobrenombre).

Mis padres en su día de boda. Tania María López e Ismael Miguel Cala Quintana

Los tres mosqueteros, mis hermanos y yo. De izquierda: Alexis, Meletín (como me decían entonces) y Adonis

Mis dos hermanos gemelos, Alexis y Adonis Cala. Si observas detenidamente te darás cuenta que mi padre no usaba prótesis para reemplazar su brazo izquierdo que perdió en un accidente a los 8 años.

Con Rosita a quién le decían "Puchita" con 5 años en la escuela pre-escolar *Roberto Lamela* en "El Caney", Santiago de Cuba.

Puchita siempre sonreía y yo no recuerdo que me pasaba ese día que estaba tan serio. Parece que el lazo o las medias me apretaban.

De izquierda a derecha mis hermanos Alexis, Adonis y yo en la playa *Guardalavaca,* Holguín. Siempre fui flaco, me decían "lagarto", "fuete", "alambre", "palo seco" y otros apodos que prefiero no mencionar.

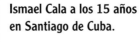

Ismael Cala a los 15 años en Santiago de Cuba.

En ensayos del círculo de interés vocacional de radiodifusión, Santiago de Cuba.

Mi maestra Nilda G. Alemán, creadora de mi vocación como comunicador. A ella mi gratitud eterna.

Durante mi temporada en La Habana en Radio Taino. Aquí con mi amiga Karlowa (Karla) López. Karla: esta foto va para ti. ¿Te acuerdas?

Haciendo TV en Cuba, aquí compartiendo junto a la gran Consuelo Vidal.

Junto a mi madre (izquierda) y mi madre abuela Annea (derecha). Honro su memoria con el recuerdo imborrable de su devoción hacia mí y su amor incondicional. En paz descanse eternamente.

Graduación de Seneca College Junio de 2002 en Canadá con postgrado en "Broadcasting & TV".

Mi primer viaje a los estudios de CNN en Atlanta en el año 2001 (con 30 libras de más).

Mi madre, mi heroína Tania López a su llegada a Toronto.

Celebrando mi cumpleaños el 8 de septiembre 2012 en Las Terrenas, República Dominicana con mi socio y compañero de CALA Enterprises Bruno Torres, y mis grandes amigos Yanoli, Evelyn y Eddie.

Conferencia Motivacional
"El poder de escuchar" a
beneficio de los niños con
VIH en Guatemala 2012.

Viviendo a plenitud los 40's.
FOTO CORTESÍA DE GUILLERMO FELIZOLA
(FOTÓGRAFO)

En el Miami Dolphin Seaquarium.

Nuestra madrina de CALA, Gloria Estefan.

Mi maestro, mentor, guía y amigo: Mario Kreutzberger, El gran "Don Francisco".

Una de mis conversaciones más difíciles en CALA con el ex presidente colombiano Álvaro Uribe Vélez.

La reina de la moda, y la dueña de mis corbatas y trajes, la diseñadora venezolana Carolina Herrera.

La entrevista con la Diva Argentina Susana Giménez.

William Levy nos visitó en CALA.

Fotos cortesía de CNN

¡El gran Larry King!

Un líder e inspirador, Joel Osteen.

Un visionario y un amigo sincero, el gran Emilio Estefan.

Aquí con Rigoberta Menchú de Guatemala, ganadora del Premio Nobel de la Paz.

Hablando en el programa con la bellísima Jennifer López.

El maestro dominicano Juan Luis Guerra.

Fotos cortesía de CNN

No pude aguantar las lágrimas. Vi cómo una mujer fuerte, elegante, enérgica y jefa de familia, se había desmoronado a un vacío emocional que no le permitía ver mi desarrollo. Unos éxitos, además, compartidos con ella por todo su apoyo. Los médicos la trataban con tranquilizantes y suero intravenoso. Al recuperar el conocimiento, me hizo una petición: "Meli, regrésate, ven para acá con nosotros. Te necesito". Aquel día mi corazón se partió en dos. Una parte observaba cómo mi abuela no concebía mi ausencia y que su vida, quizás, recuperaría sentido si yo volvía. La otra mitad entendía que era totalmente infeliz en El Caney, un pueblo que se me había quedado pequeño.

El diálogo con mi abuela fue uno de los más difíciles de mi vida. Prometí quedarme unos días, si ella ponía urgentemente de su parte, comía y lograba que le diesen de alta, cosa que hizo. Luego le pregunté si prefería tenerme a su lado, aunque el enfermo fuera yo. Ésa sería la consecuencia de quedarme allí, en un lugar muy hostil para mis planes de vida. Ella lo entendió, pero solo de labios para afuera. Entonces me marché y, en el avión, me sentí culpable por escoger mi futuro y no complacer a mi querida abuela. Hablé con mi madre, y lo entendió. Ella siempre fue mucho más comprensiva en estas cosas.

Las carencias emocionales de la abuela crecieron cuando decidí quedarme en Canadá. Sufrió mucho aquellos tres años y medio en los que no pude verla por razones migratorias. Cuando la visité, en 2001, estaba consumida, sin ganas de vivir, muy triste, y con el comienzo de un Alzheimer que apagó su vida al cabo de 11 meses. No pude ir a su funeral. En 2002 viajé a Cuba, pero las autoridades no me permitieron entrar a la isla. Me sentí persona *non grata* en mi propio país y no quise someterme a una nueva humillación, o incluso a una detención. Entonces me di cuenta que debía sanar la herida emocional que me culpaba de la muerte de mi abuela. Mi amor por ella fue inmenso, poco sano, hasta que lentamente descubrí que destruiría mi vida. Lo haría si no entendía que mi mundo y ruta de vida eran distintos al que ella había transitado. Hablábamos mucho sobre el tema. Aunque decía que no quería ser egoísta, sus acciones sí lo eran. Sé que no lo hacía con mala intención, sino que padecía un profundo vacío emocional que volcaba en el cuidado y la sobreprotección de su nieto-hijo, al que ya no lograba mantener cautivo.

Para una escucha emocional

¿Qué hacer para desarrollar el "sexto sentido", la intuición? Algunos somos más o menos intuitivos, pero lo cierto es que todos tenemos corazonadas. **¿Cómo decidir entre lo lógico, lo correcto, y lo que de verdad quieres hacer?** Sé honesto contigo, prioriza —en lo que comprometa el estado emocional— tu voluntad ante la petición de fuerza de un agente externo. Hay cosas con las que no se compromete la razón. Por ejemplo, ser padres. Mucha gente asume que quiere tener hijos porque la sociedad lo impone, porque la razón lo dicta para dejar un legado. O peor: la familia quiere tener un nieto, primo, sobrino, hermanito, etcétera. Esta decisión debe ser únicamente tomada sobre la base de un compromiso emocional, después de haber pasado el filtro de la lógica racional y el análisis de las condiciones y recursos para traer una criatura al mundo.

No te compares, ni compares a los demás. Para mantener una buena salud emocional, vale la pena salvaguardar hasta dónde nos involucramos en los asuntos de otros. Tratemos de ser felices por nosotros mismos, mejoremos nuestras propias debilidades o fallas. Es ya una tarea demasiado titánica como para empezar a comparar nuestras actitudes, respuestas, reacciones o decisiones, con las de otros seres humanos. ¿Alguna vez te sorprendiste diciendo "no haría eso así si fuera él?" O, "¿cómo se atrevió a tomar esa decisión?", "¿qué le pasó por la cabeza para hacer semejante cosa?" En muchas ocasiones, me hablan personas frustradas, molestas o simplemente decepcionadas. Sus problemas proceden de hechos que no deberían ser tan trascendentes porque no son asunto suyo. En este punto me gustaría evitar confusiones. No es que evitemos dar consejos y ayuda, ni que dejemos de conversar con los amigos sobre sus problemas. No se trata de eso, sino de que seamos conscientes de los temas que drenan nuestra energía, sin ningún beneficio emocional. Por el contrario, nos quitan equilibrio y paz interior. Lo emocionalmente inteligente es conseguir un análisis lógico, más allá de las emociones, sobre cuándo-cómo ayudar o involucrarnos, y cuándo-cómo dejar algo en reposo.

A mis hermanos mellizos les llevo 16 meses. Como soy el mayor, en muchas ocasiones, mi madre me ha pedido actuar de consejero, guía y árbitro. La vida me ha enseñado que, a veces, hasta un hermano tiene poco que hacer en medio de un conflicto de pareja. Mis hermanos me respetan, me escuchan. Creo que me entienden y prestan atención a lo que digo, porque son raras las veces que decido dar un consejo no solicitado. Lo he hecho cuando he entendido que mi experiencia de vida podría arrojar luz en algo que quizás ellos no estén viendo. Sin embargo, jamás he querido involucrarme en sus asuntos matrimoniales. Lo aprendí escuchando las historias de otros.

Una amiga en Toronto sufría abusos violentos por parte de su esposo. Vino y me contó lo que le sucedía. De hecho, me mostró en la espalda los moretones provocados por su marido. Me confesó que no sabía qué hacer, pues no era la primera vez. Dudaba si avisar a la policía, porque cuando él se emborrachaba, se tornaba violento. La escuché atentamente y luego ella me pidió consejo: "¿Qué hago? Estoy desesperada". Para entonces, yo ya no caía fácilmente en la trampa de aconsejar en situaciones de pareja.

Sin embargo, me atreví. Le dije que hablara con su marido y le advirtiera que no estaba dispuesta a soportar más abusos. ¡Basta! El amor llega hasta un punto. Así lo hizo. Tuvieron una discusión, según me contó ella después. El marido se calmó y prometió que jamás volvería a ocurrir. Pero pasó, y pronto. Ella entonces volvió a involucrarme en el tema. Yo no sabía qué decir o hacer. Era algo demasiado personal y pasional, y no me correspondía. Mi frase fue la siguiente, tras pensarla dos veces: "Algo que no concibo, bajo ningún pretexto, es que la violencia conviva con el amor. Cuando se ama, se cuida, se protege".

Ella se enfureció. Me dijo que cómo iba a dudar del amor de su esposo, que yo era un "metiche", un entrometido. Simplemente me retiré. De hecho, ella también lo hizo. Nunca más la vi, pero supe que su marido siguió abusando de ella durante años. Finalmente, mi amiga llamó al 911, el número de la policía, y se lo llevaron bajo arresto. Otra amiga en común nos contó la historia al resto del grupo. Un día en la calle, el exmarido se acercó y me dijo: "No te parto la cara porque voy a ir preso". No quería complicar los cargos por violencia doméstica. Me culpó del cambio de actitud de su mujer, y sacó el tema: "¿Quién eres tú para cuestionar si yo la amo o no?"

Una simple conversación, en medio de una crisis emocional y con consejo solicitado, me llevó a experimentar una montaña rusa de sentimientos encontrados. Hoy, quizás peco de cauteloso, y lo hago en todo. A veces nos precipitamos a aconsejar, sin que nos den siquiera la entrada. Otras veces nos provocan para involucrarnos y caemos en la trampa emocional de la falsa compasión. Sí, seamos compasivos, pero con racionalidad, para decidir dónde ponemos nuestras emociones. Lo conseguiremos también si dominamos la asignatura que a casi todos nos queda pendiente: la inteligencia emocional.

Hay muchos otros ejemplos. Una vez, sin pensarlo dos veces, le dije a una amiga que no veía en años: "Wow, felicidades por el bebé. ¿Qué tiempo tienes?" Ella, indignada, me dijo con media sonrisa: "¡No estoy embarazada, estoy gorda!" Me quedé simplemente sin palabras. La segunda ocasión fue más complicada, emocionalmente. Hacía años que no veía a una compañera de trabajo. Yo vivía en La Habana, y ella seguía en Santiago de Cuba. Al verla, embriagado por la emoción, le dije: "¡Qué rico verte! Estás esperando. ¿Cuántos meses?" Su respuesta fue: "Sí, estaba, Ismael, lo perdí la semana pasada". Tampoco entonces supe cómo expresar mi dolor, al que se añadía la vergüenza de recordarle algo que ella estaba tratando de sanar.

Hoy, sin perder la espontaneidad ni la calidez que nos valoriza como seres humanos, siempre abro las conversaciones dándole al otro la opción de hablar o no. Incluso con amigas o colegas que evidentemente están embarazadas empiezo el diálogo diciendo: "Hey, ¿cómo va todo? ¿Qué hay de nuevo? Cuéntame, que nos debemos una actualización hace ya algún rato…"

Quédate cerca de ti mismo

Cuando permanecemos cerca de nuestro entorno íntimo, sin caer en la tentación de resolver los problemas ajenos, somos más saludables emocionalmente. Hay gente que disfruta mirando la pantalla del computador de otro, escuchando conversaciones que no le conciernen, hablando de otros que no están ahí, chismeando por simple entretenimiento. Deberíamos ocupar ese tiempo en mirar hacia adentro. Tenemos suficientes problemas y situaciones que dilucidar. Quizás una de las razones para mirar hacia afuera es evitar mirar adentro y descubrir temas por resolver.

Cuando nos sorprendamos involucrándonos en círculos a los que no pertenecemos, debemos gritarnos: "Basta, sal de esa zona, que no es de amor, no es de paz, no es de bondad". Si decidimos salir de la zona de intromisión tóxica, nos daremos cuenta de la energía que ganamos para lo que realmente nos hace crecer.

El umbral de la autoestima

Parte de la inteligencia emocional que buscamos, sin llegar a la arrogancia y al egocentrismo, es una autoestima digna, saludable y bien equilibrada. Es el filtro de nuestra vida, el prisma por donde se percibe el mundo externo. Comienza a crearse en la infancia, con el reconocimiento de los padres, los maestros, los amigos… Todos van moldeando la imagen de nosotros mismos. Conozco personas brillantes e inteligentes que carecen de buena autoestima. Esto no les ha permitido enfocarse en las cosas in-

116

creíbles que la vida les tiene por delante. Todos somos hijos de Dios, del universo, del amor. Al menos, así procuro verlo yo. Es una manera de enfrentar mi vulnerable naturaleza humana, con sus virtudes y defectos.

Una vez oí expresar a Joel Osteen, uno de los líderes espirituales que me han inspirado: "Del rechazo nace la dirección, la ruta". Nada mejor dicho. Tantos rechazos, burlas, mofas y agresiones me hicieron analizar por qué los demás me veían diferente, débil y aislado del grupo. En quinto grado hicimos una apuesta. Todos querían que yo fracasara, para que los matones del grupo me castigaran con una paliza. Efectivamente, perdí la apuesta de que nuestro equipo de ajedrez ganaría el torneo escolar. Quedamos segundos, y eso bastó para que me dieran una tunda que hasta hoy no he olvidado. Luego, no me atreví a contar lo sucedido a mi madre y hermanos. Estos últimos iban a la misma escuela, pero no padecían esas situaciones. Ellos decían que yo debía mostrar más carácter, porque los demás me tomaban el pelo. Recuerdo que el famoso apodo familiar, Melitín, se convirtió en blanco de más burlas.

Si alguien de tu vida decide alejarse sin que le hayas dado motivo, está regalándote el milagro del adiós. Cuando se lo oí decir a Joel Osteen, la verdad es que me quedé más tranquilo. Entendí que hay gente y cosas que nos acompañan eternamente, y otras que llegan, se quedan algún tiempo, y luego siguen su propia ruta. Esto hace parte de nuestras interacciones con el universo. Los astros no se mantienen estáticos, sino en constante movimiento. La tierra rota continuamente, y así es nuestra vida. ¿Por qué habría de ser diferente si somos parte de una misma galaxia y de un universo en constante interacción?

Los seres humanos siempre debemos esperar lo mejor, prepararnos para lo positivo, aprovechar la libertad para crear la ruta. Muchos piensan que Dios es responsable de todo lo que les pasa, pero creo que el Todopoderoso en realidad dice: "Ayúdate, que yo te ayudaré". No se trata solo de Dios, sino también de la ley de la atracción. ¡Lo que das regresa multiplicado!

El poder de la mente

Afirmación: "Mi mente es lista, despierta, alerta, como un centinela. **Mi mente es una mina de oro, que abre todos los poderes para crear la mejor vida posible. Mi mente está libre para tomar grandes y sabias decisiones**, no pobres y mediocres, con las que tendré que vivir por el resto de mi vida".

Cuando descubrí la historia de mi familia paterna, la vi como un maleficio, una maldición, una tara. En efecto, ciertas herencias negativas se transmiten de generación en generación, hasta que alguien no las acepta y pone fin al problema. En toda historia familiar hay algo que temer: divorcios, cáncer, diabetes, adicciones, enfermedades mentales… En la mía, como ya he contado, el suicidio y la depresión han sido recurrentes en tres generaciones, hasta donde he podido constatar.

Seguro que si escarbas bajo la epidermis de tu familia, encontrarás tendencias e historias que se repiten. Son señales que los seres humanos, en el camino de la evolución espiritual, debemos respetar para cambiar de rumbo. Debemos romper con el maleficio, o al menos prevenirlo. Esto se logra estando alerta, en un estado de conciencia que nos permita advertir la situación y sus posibles implicaciones para nuestras vidas y las de nuestros hijos. Saber que en la familia hay historias de cáncer es una señal de alerta y estudio. No está mal repasar cuál ha sido el estilo de vida de las personas afectadas, qué tipo de problemas han padecido. A partir de ahí podemos hacer que el asunto se detenga, se frene, tratando de llevar una vida sana y acudiendo a los recursos de la ciencia. Quien conoce sus antecedentes tratará de chequearse regularmente para mantener un estado físico óptimo, y cultivar la paz mental.

Muchas veces, lo que más atormenta no es heredar ciertos problemas sino el temor a que nos sorprendan. La recomendación que puedo hacerte es que no permitas que la historia del pasado se convierta en la pesadilla del presente. Está bien mantenernos alerta, conscientes sobre el peligro, pero nada más. Nada de obsesiones, alarmismos o fijaciones. Como señala la ley de la atracción, los pensamientos no deben enfocarse en lo que queremos evitar, porque si no los estamos atrayendo. Por eso, la meditación ayuda a reflejarnos como seres saludables, puros y conectados con la realidad. **La conexión divina es la verdadera. Nuestra fortaleza y convicción mental son capaces de mover montañas.**

Hace poco conocí a un campeón de la velocidad y de la vida. Me demostró que el poder de la mente es ilimitado, y que no hay nada que no podamos soñar o hacer realidad. Su nombre es Antonio Rodríguez, pero todos le dicen Toñejo. Carlos Galán, un amigo común que le conoce desde hace años, me dijo: "Ismael, te va a fascinar, tiene una historia increíble". En treinta segundos me contó los fragmentos más impactantes de su historia, y yo quedé con ganas de entrevistarlo. Un día almorzamos juntos y conversamos más de dos horas. Me costó levantarme de la mesa, porque cada historia que salía de la boca de Toñejo era una lección de fortaleza y sabiduría. Vive en una silla de ruedas, pero ni su cuerpo ni sus sueños están inmóviles.

La entrevista que le hice sirvió de inspiración a millones de telespectadores. Comparto aquí un poco su historia, sobre todo para quienes se quejan de cosas insignificantes en la vida. Toñejo es español y empezó a competir con 15 años en los torneos nacionales de motociclismo de su país. En 1989, después de ser campeón de España de quad-cross, padeció un accidente que lo dejó parapléjico. Estaba a solo tres kilómetros de la meta, iba en primer lugar cuando salió disparado del quad, chocó contra una pared y se rompió la espalda por tres sitios, según me contó. Después del accidente, los médicos le dijeron que no volvería a levantarse de la cama. Toñejo lloró al escuchar el dictamen, pero su pasión por la velocidad pudo más que la depresión. En cuanto pudo, empezó a buscar patrocinadores para competir en una moto de agua. Tenía 26 años.

Para Toñejo, lo fundamental es mantener la ilusión. Cada día entrena y nada, y no le pide ayuda a nadie para entrar o salir de la piscina y volver a su silla. En su primera competencia en moto acuática, quedó en segunda posición. En 1993 ganó el campeonato absoluto de España, donde no competía ningún otro discapacitado. El gran Toñejo cree firmemente que la pasión puede vencer cualquier obstáculo. Los médicos, sin embargo, llegaron a pensar que estaba loco. Él vive convencido de que su discapacidad no es en absoluto una incapacidad. Cree que la sociedad se muestra demasiado compasiva con las personas en sillas de ruedas, y la familia les sobreprotege. Poco a poco, dichas personas van dependiendo de otras para todo lo que quieren hacer en la vida. Toñejo no adaptó su casa a su discapacidad como le habían recomendado. Cuando le pregunté la razón, me respondió: "El día que me acostumbre a estar en una casa adaptada, para mí y la silla de ruedas, ¿cómo puedo ir a pasar la noche en casa de amigos que no tengan una similar?"

La vida de Toñejo es bien conocida en España. Su perseverancia y su pasión por la velocidad lo pusieron más de una vez al borde de la muerte. Cualquier persona con su historia no se acercaría a una moto acuática. Pero, cinco años después del accidente casi mortal, Toñejo sufrió un percance peor que el primero. En la clasificación del campeonato europeo, donde él iba de primero, se produjo un choque entre varias motos, y un pedazo de fibra de carbono le penetró en la piel y le causó una gangrena. Casi le amputan una pierna, y terminó con varios huesos rotos. Su situación era tan delicada que un sacerdote se preparó para darle la extremaunción; pero él se lo impidió. En el hospital, contrajo septicemia y estuvo nueve meses ingresado, pero cuando salió, su única preocupación era participar en el mundial de motos acuáticas de Acapulco, que iba a realizarse unos meses después. Lo logró, y además pasó la etapa clasificatoria y ganó la vuelta rápida.

La historia de Toñejo se sigue escribiendo. Es un ejemplo de cómo una pasión vital por el deporte, por la velocidad, puede darle sentido a la vida misma. En aquel almuerzo me dijo que algunos miraban con cierta pena a la gente en silla de ruedas. Pero él era el que, muchas veces, veía con pena a cierta gente: "Caminan con sus dos pies pero tienen cara de amargados, van frustrados por la vida". Me leyó una emotiva carta de su padre, ya fallecido, donde le reconocía como su héroe. Y siento que lo es también para mí: un símbolo que demuestra que nada es suficientemente grande como para quitarnos la pasión por vivir, aunque todos creamos que tenemos una historia única y difícil.

La fuerza del destino

Todos tenemos capacidad para romper con la cadena de la herencia negativa. Mi consejo es que seamos conscientes de los problemas por resolver y no los usemos como excusas para perpetuarlos. Los padres se preparan para mejorar la vida de sus hijos, darles una mejor educación y evitarles las penurias que ellos sufrieron. Pero, en algunos casos, nuestros padres también nos traspasan, incluso sin saberlo, una herencia inmaterial importante. En parte, lo que somos procede de esta herencia recibida. Mi dedicación a mi trabajo viene del espíritu de mi madre, secretaria y proveedora de bienestar para toda la familia. De mi padre tomé su entrega al estudio, la lectura y la superación.

Busca qué te hace feliz, qué te mueve, qué te deja sin aliento. Pregúntate qué te dejaría satisfecho, día tras día, después de ocho horas de ejercicio. Cuando encontremos esa respuesta, sabremos cuál es la ruta de nuestro destino. Algunos me dirán: "No todos podemos tener una carrera, algunos están destinados a otro tipo de trabajo". En mi humilde opinión, todos y cada uno estamos destinados al éxito, al triunfo, a la realización personal. Llegar o no al éxtasis de felicidad depende de muchas cosas, algunas de las cuales enfatizo en este libro. Algo muy importante es reconocer el propósito y los dones como cualidades únicas y divinas. Hay que continuar caminando hacia el futuro, con la mirada adelante, no hacia el pasado. **El pasado nos contamina de límites, nos deja con la duda de lo que fue y quizás no será.** El futuro es un tiempo virtual, solo el ahora es real, palpable, tangible.

Sin duda, a muchas personas les desagrada su trabajo, están atrapadas en una familia disfuncional o no son capaces de liberar su verdadera identidad emocional, por miedo a la sociedad. Es triste vivir bajo esa falsa fachada. Me recuerda cuánto sufrí antes de liberarme de ciertas ataduras emocionales. El ser humano establece una escala de valores y prioriza necesidades básicas como comer, calzarse, vestir, sobrevivir, la seguridad, etcétera. Estas deben estar cubiertas, para poder percibir con más fuerza las carencias de otras necesidades superiores. En la comunidad primitiva el hombre se preocupaba de ello, pero también de otras que le proporcionaran, por ejemplo, unidad, sentido de pertenencia y aceptación social.

Detrás de cada intención subyace una emoción. Los seres humanos nos movemos con emociones. Ser dueños de ellas, y entenderlas, nos acerca a conquistar el mundo de las percepciones. Quienes consiguen ser líderes auténticos, logran que la gente comparta su visión, crea en ellos y se emocione al compartir triunfos. **El poder de vivir a plenitud radica en entender cómo relacionarnos con los demás.** Las mejores relaciones interpersonales, en cualquier grupo o situación, son aquellas con una sólida conexión emocional, basadas en la confianza mutua. Entender esta idea me ha costado un largo camino de aprendizaje. **El camino al crecimiento es de desprendimiento.** Las asignaturas de nuestra educación intelectual y académica, desde la primaria hasta la universidad, nos invitan a la acumulación de conocimientos y datos, a tener un pensamiento crítico. Eso está bien, pero no creo haber recibido nada por esta vía que me ayudara a crecer espiritualmente y a saber hacia dónde voy como individuo. Desde niños nos preguntan qué deseamos ser cuando crezcamos, pero siempre viene a la mente una profesión. Quizás la enseñanza integral debería comenzar con guías para la espiritualidad.

ESCUCHA: DE MI LIBRETA DE APUNTES

1. Combate el cáncer emocional. Muchos no logran la felicidad, a pesar de ser profesionalmente exitosos, porque sus pensamientos están constantemente secuestrados por emociones tóxicas.

2. Mira a tu alrededor y localiza casos de personas exitosas. Estúdialas, lee sus biografías e indaga cómo han salido adelante. Sobre todo, fíjate en su capacidad para contener la frustración.

3. Si no estás conforme con algo de tu mundo cotidiano, revisa cómo lo percibes, de dónde viene el pensamiento limitante que asocias con una emoción. Recuerda que, para evolucionar, hay que salir de la zona de confort. Arriesgarse y cambiar es la única manera de crecer.

4. Escribe en un párrafo los pensamientos que podrían convertirse en principios o mandamientos de tu vida. No los religiosos, sino los propios. Desecha todo lo material que venga a tu mente. Diseña un plan antisísmico para que las emociones queden protegidas.

5. Identifica las emociones que debes mantener controladas. Sobre todo estas cinco: el odio, el deseo, la ignorancia, el orgullo y la envidia. Analiza si hay algo de ellas en ti. Si crees que no tienes suficiente capacidad de autoanálisis, pídele a un amigo íntimo que te ayude.

Capítulo 5

~

De la duda al milagro

Los expertos dicen que volar en avión es mucho más seguro que conducir un automóvil. En Europa, por ejemplo, se producen hasta 35.000 muertes anuales en la carretera. Según el diario *El País*, las autoridades afirman que "es como si se estrellara un avión diariamente". Algunos analistas ponen en duda las comparaciones entre medios de transporte diferentes, y zanjan el debate de la siguiente manera: "No circulan tantos aviones como autos. El paralelismo es imposible de establecer". Lo único cierto es que caben dudas.

Por otro lado, hay acontecimientos de los que no cabe dudar. Son situaciones en las que, por ejemplo, todo apunta a un desenlace determinado, y el resultado es totalmente imprevisible. Algunos le llaman suerte y otros, milagros. Entre unos y otros hay quienes dudan también de ambas cosas. **Nuestra**

manera de ver la vida refleja nuestra relación con las dudas y con los milagros.

Recuerdo el día en que saltó a los medios de comunicación el llamado "milagro sobre el río Hudson", cuando una bandada de pájaros se atravesó en las turbinas de un avión de US Airways que había despegado del aeropuerto neoyorquino de La Guardia. Los pilotos lograron sortear la situación y, aunque el avión tuvo que amarizar en el Hudson, todos los pasajeros fueron rescatados con vida, y el suceso se convirtió en "un milagro".

Las imágenes eran impresionantes: los pasajeros, atónitos, aguardaban el rescate de pie sobre las alas del avión, mientras los incrédulos transeúntes de la Gran Manzana se extasiaban tomando fotos. ¿Cómo pudieron salir 150 personas ilesas de un amarizaje sobre el río y, siete meses después, la tragedia sobrevoló el mismo lugar con la muerte de nueve al chocar un helicóptero con una avioneta? Hay eventos que desafían los argumentos tecnológicos, científicos y racionales.

Este capítulo habla de milagros. Y del fantasma de la duda, una aliada y enemiga de doble cara a la que conviene conocer para entablar con ella una relación correcta.

De mi bitácora de dudas y milagros

En 1995, después de trabajar como presentador de radio y televisión en Santiago de Cuba, y como animador del Hotel Santiago, decidí que debía seguir mi camino e ir más allá. Me veía como un explorador, y preveía rutas para hallar mi lugar, misión y propósito. Un amigo de la adolescencia me acusaba de "inestable", porque siempre estaba cuestionándolo todo. A los 25 años, nada me parecía estático o eterno. Cuando me lo dijo, me molesté bastante. En ese momento la percepción y el juicio de otros pesaban demasiado en mi propia identidad. Más allá de la molestia, algo en mi interior me decía: "Tu camino sigue, y avanzas". No me sentía deambulando sin rumbo. Tenía confianza en el futuro, aunque no sabía exactamente cómo se desenvolverían los acontecimientos. Así, busqué dar el salto de Santiago de Cuba a La Habana. Los cubanos saben que esta migración no es nada fácil, pues encontrar vivienda, trabajo y autorización oficial para vivir en la capital resulta complicado.

La única vía que encontré fue matricularme en la Escuela Internacional de Animación Turística de La Habana. Allí se preparaban los animadores para atender las necesidades de recreación y entretenimiento del turista extranjero en la isla. En esos años, la mayoría de los hoteles de Cuba solo permitían el acceso a los extranjeros. Era el caso del Hotel Santiago. Para entrar en la escuela tuve que presentarme a un concurso de oposición en el que había pocas plazas. El examen incluía una entrevista oral, con temas de cultura general y cubana, y pruebas físicas de capacidad en fútbol, baloncesto y otros deportes. Lo más importante era el sentido del baile, porque los animadores turísticos organizan shows en los hoteles de playa.

Nunca me había imaginado en estas actividades, pero sabía que con el curso me enfrentaría a mis pensamientos limitadores y a mis grandes dudas. En aquel momento era un hombre tímido. Ponía mi yo público detrás de un micrófono de radio y delante de una cámara de televisión, pero en realidad era antisocial, inseguro y lleno de prejuicios heredados de una sociedad machista y de doble moral. Las dudas llegaban cada noche, antes de dormir, a medida en que se acercaba el examen de admisión.

Alguien que nunca había bailado, como yo, solo podía sentir terror al enfrentarse a un jurado. Me mandarán inmediatamente al ortopédico, pensé entonces, para cerciorarse de que no tengo dos pies izquierdos.

La duda me paralizaba de miedo, incluso llegué a padecer ataques de pánico. Pero, a la vez, me invitaba a saltar a la acción, a no dormirme en los laureles ni confiarme demasiado. Para los deportes, busqué ayuda de un colega que trabajaba en el hotel. Con el baile tuve el apoyo de mi amigo Jorge La Suerte, un auténtico maestro del baile, la imitación y el entretenimiento. Trabajaba con él en el canal Tele Turquino, de Santiago, y juntos hacíamos el programa *Señal 2000*. Me faltaba, además, aprender algo de inglés. Al menos, unas cuantas frases memorizadas para decir frente al jurado, porque iban a probar la capacidad de comunicarnos con los turistas. El inglés nunca entró en mi mente de manera orgánica, fluida y natural. Para ese reto contraté a una profesora. Mis dudas continuaban, pero ya no las dejaba ahogarse en la idea del fracaso. A veces, en medio de las prácticas, Jorge se reía, no podía entender que alguien nacido en Cuba padeciera tal incapacidad para bailar.

Más tarde, en La Habana me presentó a dos organizadores de giras culturales, quienes me propusieron viajar a Toronto como animador. Aún le estoy agradecido por estas gestiones. La vida es una cadena, y de todo siempre hay una enseñanza, un beneficio, incluso cuando aparentemente el resultado no sea un éxito.

Aprender a bailar salsa fue más un ejercicio matemático que un disfrute. Lo mismo pasaba con el chachachá o el mambo, y ni hablar del tango. Yo tampoco entendía cómo era posible que el baile no me sedujera, viniendo de una isla tan musical. La respuesta era clara: desde niño, me había paralizado la duda ante el ridículo y el fracaso. Con 25 años, por primera vez, me atrevía a confrontar esos miedos. Pasaron dos o tres meses de duros entrenamientos: inglés, deportes, lecturas de cultura, literatura e historia de Cuba, y danza. Llegó el momento de la verdad. El día antes de la audición, la duda se había apoderado físicamente de mi cuerpo: retorné a las incontinencias de la infancia. Una tragedia.

En la mañana de la audición, fui temprano al Santuario Nacional de la Virgen de la Caridad del Cobre, la patrona de Cuba, de quien soy devoto. Nací un 8 de septiembre, su día, y mi abuela me inculcó la veneración por ella. Fui a verla, le hablé y le pedí que recompensara mis esfuerzos, que hiciera el milagro de ayudarme a seguir adelante. Lo expresé todo en silencio y, de pronto, sentí un suspiro detrás de la oreja. Me volví, pero no había nadie cerca.

No supe qué pensar, pero entendí que el milagro podría darse. La voz me decía: "Ve con seguridad, que eres el mejor candidato y quien más crecerá con la experiencia". Así de claro la escuché. Fue como un decreto que cambió mi percepción de aquella oportunidad. No solo era el trampolín hacia la capital, sino un nuevo rumbo para mi destino. La escuela me daría nueve meses de residencia, para luego encontrar la forma de vivir definitivamente allí. Además, había un importante factor en juego: mi superación personal. Me enfrentaría en público, por primera vez, con mis miedos, limitaciones, dudas y, sobre todo, con una identidad aún incompleta.

Llegó el momento de presentarme ante los expertos. A la pregunta de por qué quieres entrar en la escuela, respondí justamente lo que me susurró la voz en el Santuario: "Porque creo que soy el mejor candidato para aprender lo que ustedes me pueden enseñar, para confrontar mis miedos. Y, después de nueve meses, terminar como el mejor estudiante que la escuela haya tenido. Tengo mis fuerzas y debilidades. He trabajado para superar mis problemas y enfrentar este examen, pero sé que en la escuela ustedes tendrán la sabiduría de convertirlos en fortalezas".

La entrevista de cultura general transcurrió muy bien; en los deportes, me defendí bastante, pero ni mucho menos entre los mejores. A la hora del baile, se me ocurrió decir que yo era el perfecto animador para hacer bailar a un canadiense, un alemán o un chino, porque entendía su arritmia a la hora de enfrentar la música tropical. Imité cómo un canadiense bailaría el mambo, pero no hice demasiado esfuerzo, pues se trataba de mi arritmia y descoordinación naturales. Los expertos no podían aguantar la risa. Al final, declamé una poesía. Y luego, ya casi sin energía por tanta presión emocional, contesté algunas preguntas en inglés. Todos los miedos juntos, como en un tribunal del purgatorio.

Esperé la respuesta conmocionado. No podía acallar las voces internas que me juzgaban por lo que había hecho y dejado de hacer. Sólo con el tiempo, he ido sometiéndolas al orden, a la paz y a la tolerancia por parte de mi voz interior. Al día siguiente, reunieron a los más de 15 aspirantes de Santiago de Cuba y anunciaron: "No queríamos predisponerles, para que hicieran lo mejor que pudieran. Solo tenemos una plaza para Santiago de Cuba, porque la matrícula este año va a ser muy reducida".

La jefa del jurado explicó que la decisión había sido muy difícil, porque cada persona mostraba fortalezas en varios campos para ser un buen animador turístico. Solo uno era el escogido.

Se hizo una pausa tremenda. Yo solo conocía a dos de los candidatos, y los miré en señal de solidaridad. En esos segundos de silencio y tensión vinieron las voces del caos para decir: "Ni en sueños eres tú". Otra voz respondía: "A callar, aléjense perros rabiosos". Sin embargo, la duda me llenaba otra vez. Recordé la voz del santuario cuando afirmaba que éste sería el comienzo de un camino de búsqueda. Mientras eso volvía a mi mente, con la mirada en el suelo, la presidenta del jurado ya había dicho mi nombre, y ni por enterado me había dado. Mis voces no me dejaron oír el ganador.

Cuando miré hacia arriba, todos comenzaron a aplaudir. Yo preguntaba: "¿A quién aplaudimos?" Y el vecino me contestó: "A ti, eres el escogido". En ese momento viví la sensación de que algo más me acompañaba en este viaje, que no estaba solo, que cuando nos conectamos con nuestra esencia, somos invencibles. Ese día también entendí que, más allá del ego, que como adolescente me jugaba malas pasadas, era el deseo de confrontar mis miedos lo que más me impulsaba a aceptar el reto.

Ya en La Habana, en la Escucla de Animación Turística, la subdirectora y jefa de la comisión de audiciones me dijo que mi sinceridad y deseo de superación habían cautivado a los tres expertos. Le di las gracias y prometí que saldría victorioso. Fueron nueve meses difíciles. Sobre todo, en el deporte, que no me entusiasmaba mucho, pues nunca fui un niño social. Luego estaba la magia, que me fascinaba. Siempre he creído que en la vida, como en la magia, todo o casi todo es percepción. Mis dos puntos más flojos fueron música y danza, donde las calificaciones resultaron bajas. La profesora era la misma para ambas asignaturas. Antes del final de clases, me dijo: "Ismael, la única manera de que apruebes el curso es sacando estas dos materias.

Las demás están excelentes, pero aquí estás en la cuerda floja". Una vez más tuve que vencerme a mí mismo. Día y noche ensayaba las coreografías, para no equivocar los movimientos durante la presentación de grupos.

Llegó el momento de la prueba final. En medio de un espectáculo, me pidieron la imitación de una celebridad, con maquillaje y caracterización. Me buscaron una bien difícil, que me obligara a salir de mi zona de confort. La escogida fue Gloria Trevi con su canción *Chica embarazada*. Entonces, muchos conflictos internos salieron a la luz. Más miedos y dudas. El niño que creció bajo las faldas de su abuela, humillado, mortificado y atacado verbal y físicamente… ¿cómo podía, con 25 años, vestirse de mujer e interpretar a la desenfadada e irreverente Gloria Trevi? El director de la escuela me dijo: "Este es tu reto, con él te gradúas si convences al jurado". Otra vez, otro desafío mayor, pero éste implicaba una revisión de mis complejos, los propios y los sociales.

La noche del gran final llegó, y allí estaba yo disfrazado de la Trevi, pero sin dejar de enunciar que era un animador imitándola. La idea no era emularla como una *drag queen*, sino tomar la actuación como un juego de niños, un intercambio de roles. Tenía una almohada como barriga, peluca rubia, gafas de sol (para evitar demasiado maquillaje), solo la boca de rojo y unas medias pantys llenas de huecos, por encima de mis peludas piernas. Salí descalzo. En Cuba no era fácil encontrar una mujer que te prestara sus únicos zapatos altos para destrozárselos en escena.

La canción comenzó. Salté al ruedo, como un torero ante la bestia. Sabía que el acto podía costarme la graduación. Al final, me lo pasé en grande. Ya en escena no me quedó otra alternativa que superar el miedo al ridículo o caer en un estado de parálisis y pánico. Ismael Cala se convirtió, por una noche, en Gloria Trevi, pero nunca más sucedió. ¡Cómo nos cuesta despojarnos del rol social! Lo que más esfuerzo supone no es separarnos de lo biológico, sino de lo socialmente adquirido a lo largo de siglos y milenios.

De esa noche aprendí a escuchar mis propios temores, y comencé a indagar por qué invadían mi mente tantas dudas. Aprobé el curso. Mi vida continuó en La Habana con gran éxito, pero nunca olvidaré esa noche de terror y confrontación. Las dudas nos llenan de voces caóticas que inmovilizan o llaman a la acción para prepararnos mejor. Sé que suena muy esotérico, pero **el gran milagro que podemos esperar de Dios es que nos cobije en su esencia**, para desterrar la duda que nos limita el crecimiento y los sueños.

Descartando la duda

La duda tiene el poder de destruirnos, o de ayudarnos a progresar. Pero sólo tiene poder si nosotros se lo otorgamos. En eso se parece a la energía nuclear. Hoy el mundo utiliza esta última con fines pacíficos diversos, entre ellos la producción de electricidad, el control de plagas, la conservación de alimentos y la medicina. Pero media humanidad vive en vigilia por si algún ego descontrolado, en nombre de una supuesta verdad, lanza sobre el mundo su fuerza destructiva. La electricidad no es ni buena ni mala. Simplemente existe, y es parte del desarrollo de la humanidad. Fue primero una idea, hoy es referente de creatividad. Decimos: "Se le encendió el bombillo", cuando alguien tiene una idea brillante. Además, es base de innumerables beneficios para la vida moderna, pero al mismo tiempo mata y achicharra si entra en contacto con el cuerpo humano.

Hace varios años, en la ciudad de Miami Beach, caminaba plácidamente por la calle Collins a la altura de la 67 y Dios quiso que fuera testigo de algo que jamás olvidaré. Me acerqué a la esquina, donde un grupo de personas miraba el poste eléctrico. Había allí un camión de la compañía de electricidad, con el brazo hidráulico extendido a la altura del transformador. Arriba, en la casilla del operario, solo se veía una sábana blanca. Temí lo peor, pero preferí preguntar, para no asumir. Uno de los presentes confirmó mi duda: una persona había muerto electrocutada. ¡Qué triste pensar que alguien acostumbrado a lidiar con la electricidad fuera traicionado por ésta de manera letal! Durante días me quedé pensando en las muertes estúpidas y sin sentido. Nada es bueno o malo en la vida. El valor de juicio lo colocamos nosotros. Así pasa con la electricidad, y con casi todo lo que nos rodea. Aprender a no hacer juicios de valor con las cosas, es un ejercicio muy difícil, porque estamos condicionados para la lucha entre el bien y el mal, entre la luz y las tinieblas, entre Dios y el diablo. **La verdad es una y universal, pero lo que llevamos al cerebro no es tal, sino nuestra propia interpretación de ella**, basada en códigos convencionales.

La gran dicotomía *shakesperiana* de Hamlet, ser o no ser, comienza con nosotros, con nuestra identidad. Descartes fue famoso por sus tesis sobre la duda, entre otras aportaciones filosóficas. **Como periodista, siempre estoy a la caza de la duda.** Es una magnífica herramienta de trabajo. Sirve para evaluar a los protagonistas de cualquier historia. Desde su surgimiento, los medios de comunicación han tenido mucha influencia en el camino de las sociedades. Son órganos de autoridad que refuerzan valores, doctrinas, principios o acciones que afectan la vida de las personas.

Concibo el poder de la duda como idea de interconexión entre la realidad y la política editorial. Me pregunto si cuando tratamos de ser objetivos contamos la verdad o una versión interpretada. Por supuesto, la respuesta es la segunda opción. **Asumimos por convención que la verdad existe más allá del cuerpo y el pensamiento. El ser humano la interpreta a través del conocimiento.** Muchas veces, el apego a dicho conocimiento aniquila la capacidad de sentir y experimentar lo desconocido. Utilizar la duda a nuestro favor, cuando escuchamos el diálogo interior o interactuamos con otros personajes, siempre nos llevará a cuestionar los espejos que deforman la realidad. Puede ser de utilidad no creer en todo lo que escuchamos, no asumir todo lo que pensamos. **Usemos la duda para fomentar la búsqueda permanente.**

Mi cuerpo y mi alma existen. Ambos son partes de un todo: mi ser. Existen las personas que forman comunidades. Pero, ¿existe Dios? El conocimiento frío y digital, tal como lo conocemos, podría dar argumentos a ateos y creyentes, mientras que los agnósticos dirían: no sé. Hace tiempo encontré respuesta a dicha pregunta. No puedo probar ante los demás que Dios existe, pero siento su presencia, está conmigo, es parte de mí. No sería un ser completo sin esa conexión con la verdad, el universo, el creador y la energía.

Para algunos, Dios se manifiesta a través de Jesús, Jehová, Alá, Buda o deidades africanas o precolombinas. El nombre no importa si este abre paso a la tolerancia entre los seres humanos.

¿Existen varios dioses o uno? Según la mitología griega, son muchos los que pueblan el Olimpo. Para los cristianos, solo hay un Dios. Lo que sí sabemos es que nosotros no tenemos respuestas para todos los fenómenos del universo. Ni siquiera hoy estamos completamente seguros de cómo los egipcios lograron construir las pirámides, cuya orientación astrológica es perfecta. Cuando estudié la cultura egipcia, en la carrera de Historia del Arte, quedé seducido por esa enigmática civilización. El poder de sus dioses era incuestionable. Los mortales vivían en función de ellos, preparándose para la eternidad. Hoy, la humanidad, sigue aspirando a lo mismo: nos preparamos para la eternidad, al menos para extender cuanto podamos nuestro tiempo físico. **Los egipcios se momificaban al morir; los humanos contemporáneos intentamos momificarnos en vida**, con botox, liposucciones, cirugías estéticas, operaciones biogástricas, implantes de cabello y hasta con blanqueamientos de piel. Una momificación entendida como glorificación.

El cerebro, como un escáner, lee todo lo que nos rodea. Un día hice el experimento en Twitter, para escuchar la percepción de mis amigos virtuales, cómplices de esa aventura de la comunicación que son las redes sociales. Puse la foto de un vaso de ocho onzas, que solo tenía cuatro onzas de agua. La pregunta era un clásico: ¿Cómo ves el vaso con agua? Muchos dijeron que estaba medio lleno, otros medio vacío. La verdad, o la respuesta más objetiva, es que estaba a la mitad. Nos cuesta armonizar entre todos una respuesta que sea verdad absoluta, pues cada cual tiene su propia lectura. Hay quien pone atención en lo que falta y quien se focaliza en lo que hay. El científico, despojado de juicio subjetivo, diría sin interpretación: cuatro onzas de agua. Dudar es humano, como también caer en tentaciones, basadas en deseos que aprisionan, esclavizan y nos convierten en los seres más infelices del mundo.

Durante el resto de mi vida, quiero tratar de responder la pregunta: ¿quiénes somos? Cada mañana, esta aventura por descubrirnos me llena de pasión. También cuando viajo y comprendo la diversidad del planeta y la uniformidad de la naturaleza esencial humana, más allá de costumbres, los idiomas y las razas. Al final, toda alma humana comparte emociones, no importa dónde se produzcan. Somos diferentes en la interpretación del mundo, pero nos une la experiencia de vivir bajo el umbral de la mortalidad. No importa si somos capaces de describir con palabras quiénes somos. Las palabras son solo eso: símbolos poderosos para expresar sentimientos, imaginaciones y pensamientos. He aprendido a ser como los que sueñan, pues también nos define la capacidad de soñar. Para eso están dotados nuestro corazón, nuestra alma y nuestra mente. Somos materia, energía, luz, espíritu. Somos lo que soñamos. Criaturas para vivir en armonía, programadas para experimentar el placer en toda su dimensión. **Vivir en el paraíso es posible.**

Somos un milagro

Quien no cree en Dios no acepta los milagros. Pero nuestra vida está llena de ellos. Son eventos que nos sorprenden con un final inesperado, desafíos a los que la ciencia no encuentra explicación. **El milagro de la vida es el mayor de todos.** El mundo está lleno de probabilidades. Es un milagro que hayan confluido para que tú y yo estemos conectados a través de este libro.

La capacidad de adaptación, la creatividad, la fuerza de voluntad y el potencial del ser humano para crear milagros a diario son dones divinos. Soy una persona que ha vivido la pesadilla de no controlar sus días, de ser arrastrado a la deriva por pensamientos tóxicos y limitantes. Pero soy, además, la misma persona que tras años de educación espiritual es capaz de producir varios milagros al día. Cada noche, antes de salir en vivo en el programa *Cala*, por CNN en Español, digo mi mantra personal: "Dios es amor, hágase el milagro". Mi productora, Sandra Figueredo, y el director técnico, Wilian Leiva, ya lo esperan. De hecho, me lo recuerdan segundos antes de empezar. Cuando algo sale mal, me preguntan: "Ismael, ¿no dijiste el mantra?"

Yo creo en la fuerza de la palabra. Proyectamos éxito, incluso sin haberlo tenido, si nuestra intención es ser positivos, optimistas, serviciales, altruistas. **Hacer milagros es convertirme en vehículo, para que el universo desarrolle su misión a través de mí**; reconocer que hay un propósito en cada uno de nuestros actos, una posibilidad de servir a los demás. Cada mañana podemos escoger que nuestro día sea milagroso. Hay un libro de Marianne Williamson, *Espera un milagro*, donde se habla de la devoción a Dios, de tener fe, encontrar el perdón y crear milagros. Una persona educada en un sistema ateo, con las teorías del marxismo-leninismo, podría tener dificultades para hablar de milagros. Mi madre me obligó a abandonar la Iglesia Católica, donde hasta los 11 años había sido monaguillo, y mi abuela, asistente de la sacristía. Me gustaba la liturgia, hice la primera comunión y disfruté la catequesis. Pero había llegado el momento de iniciar mi camino como "joven comunista". Mi madre entendió que debía seguir las instrucciones del gobierno si quería triunfar en la sociedad cubana. En aquel momento, la iglesia estaba mal vista. La mayoría de los asistentes a misa eran personas mayores, desvinculadas laboralmente del Estado. Muchos mantuvieron su fe oculta, otros la defendieron y sufrieron las consecuencias.

Durante mucho tiempo no creí en milagros. Solo los veía como pretextos del Vaticano para nombrar nuevos beatos y santos. Sin embargo, hoy me doy cuenta de que los milagros suceden si creemos en el amor; no solo en el amor a Dios, sino también al prójimo. Dicho en otras palabras: separarnos del ego para pensar en los demás, conectarnos con la energía que habita fuera de nosotros. No sé si tienes fe en Dios, pero asumo que todos la tenemos en el amor. **Un milagro es simple, necesita solo un acto de fe, un giro en la percepción y proyección de la vida.**

Crear una vida llena de milagros es sencillo y difícil a la vez. Exige apartar de la mente la vida que nos agobia, llena de miedos y temores paralizantes, y abrazar el amor como única fuerza milagrosa universal. Me es difícil pensar en abundancia cuando tengo que contar cuidadosamente el dinero, ayudar a los demás, entregar más de lo que tengo. Uso este ejemplo, porque en otras áreas no me limita el concepto de abundancia infinita y su posibilidad de producir milagros. Es justamente allí, en esos pensamientos, donde me queda mucho trabajo por hacer. **Hay que derrumbar las paredes mentales que encierran la limitada idea del dinero.** ¿Has escuchado decir que "dinero llama dinero"? Si uno ofrece, recibe más de lo que da o tiene. **El concepto de abundancia comienza con nuestra percepción interna.** El proceso de creación de bienestar y abundancia interna es milagroso, porque no depende de los objetos materiales a nuestro alrededor. Los milagros son expresión de la comunión extrema entre nuestros deseos desinteresados y bondadosos, y el permiso que le concedes al universo, a Dios, de manifestarlo.

¿Cuántas veces no has intentado abrir puertas, encontrar caminos para alcanzar una meta, y no pasa nada? Es como si tropezaras a cada paso con un muro de piedras; pero si confías tu deseo a la oración, cuando menos lo esperas llega el anhelado sueño. Uno cree que solo ocurren milagros cuando un enfermo sentenciado a muerte supera una crisis y cuenta la historia. Hay situaciones en las que pensamos: "La cosa no está para esperar milagros". Sin embargo, la fuerza cósmica del amor está presente en todas partes y en todos los momentos. Sobre todo, está dentro de nosotros. No pretendamos esperar milagros de nadie, si nuestro ser no está conectado con esta energía divina. Solo el desapego permite que obre a través de nosotros.

Cada día, al levantarme, practico la disciplina de ser uno con el universo. Durante años me intoxiqué con la cafeína y las noticias al despertar. Por mi trabajo necesito estar bien informado, pero como ser humano también puedo escoger cómo y cuándo. Descubrí que el primer ejercicio del día no podía ser intoxicarme con lo que los medios iban a contarme sobre el mundo. Mejor comenzar por lo que yo quería contarle al universo sobre mi mundo. Decidí no encender el televisor por la mañana hasta que no pusiera en orden mis pensamientos y visualizara los milagros por suceder. Ese momento de gracia y presencia divina es un antídoto para digerir la información relevante que recibimos del mundo exterior, sin la cual sería difícil vivir en sociedad.

Solo el amor, en su más pura expresión, llena la vida de milagros. ¡Compruébalo ahora mismo! No trates de producirlos, no somos Harry Potter. Simplemente, entrégate para presenciarlos y vivirlos, con la abundancia ilimitada del universo. **Mis historias migratorias son milagros.** Solo tuve que encontrarlos a mi paso. Los pedí, los soñé y los viví antes de que llegaran. **Cuando nos creemos capaces de hacer más que Dios, nos frustramos por cada mínima situación imprevista.** El antídoto contra ello es dejar los sueños al universo, acercarte lo mejor que puedas, ponerte en la pista de despegue y esperar tu próximo destino.

Nunca imaginé cómo podría ser el camino de alguien sin recursos financieros, sin respaldo de familiares o conocidos. Solo me quedaba Dios, la fe en el universo y en mí mismo, para convertirme en un vehículo productivo de amor. Así dejé de pensar en el cómo, lo quité de mi lista, pero mantuve las cosas que podían acercarme a ese destino. **Dejé el cómo y el cuándo en manos del universo, y así las cosas llegaron como por arte de magia.** Detrás de cada triunfo vivido, hay miles de pequeños milagros. Mucha gente les llama suerte, pero a mí me consta que son milagros. Mi salida de Cuba hacia Canadá, y no a cualquier otro país; la opción de emigrar a EEUU; la oportunidad de ser contratado por Televisa en México; el paso por CNN en Atlanta, y finalmente, la etapa en la que me encuentro ahora. Escribir este libro, largamente deseado, es una muestra de que los milagros existen. Miro hacia atrás y pienso: **"No hay manera en que un simple mortal haya avanzado tanto sin la intervención divina".** Aún quedan muchos sueños por realizar, sólo falta luchar como un Quijote contra los molinos, contra las dudas limitantes.

Trabajando en AméricaTevé, un canal local de Miami, conocí a Samantha, una niña que tenía cáncer. Cuando vino al estudio había perdido el pelo, pero lucía una de las sonrisas más luminosas que he visto. Reía como si su alma estuviera de fiesta. Durante la entrevista me contó sus avatares contra la enfermedad y su empeño por sobrevivir. Sufría las consecuencias de la quimioterapia, pero su sonrisa no se apagaba. Aquel momento fue como una inyección de fuerza divina. Samantha aseguraba que estaría bien y el cáncer saldría de su cuerpo. Lo más importante: no había metástasis en su alma, que es el peor cáncer posible. A los pocos meses, regresó con la buena noticia: el último examen no había detectado células malignas. Su sonrisa era aún más grande. Nunca he visto una luz tan grande en un niño.

Hay gente que, sin saberlo, como parte de su rutina, hace que los milagros florezcan en la vida de otros. En noviembre de 2012 llegué a Guatemala por primera vez. El gran músico y cantante Marcos Witt me invitó a un evento benéfico organizado por el Dr. Mark Arellano y su fundación sin ánimo de lucro Passion Asociación, que canaliza recursos con destino a niños de comunidades vulnerables o en situaciones de riesgo económico y social.

El Dr. Arellano me invitó a ser el conferencista central de una noche de gala. Nuestro propósito era recaudar dinero y promover la labor de CANICA, la Casa de Asistencia a Niños de la Calle, que brinda apoyo y sostén a los niños huérfanos de Guatemala, los saca de las calles y los prepara para el futuro. Mi respuesta había sido rotunda: "Cuenten conmigo". Qué mejor manera de sentirme útil, vivo y humano que donar así mi tiempo. Existen organizaciones no gubernamentales como esta, de auténtico servicio, que marcan una diferencia y convierten la duda en milagro. La noche del evento fue mágica, con gran éxito de asistencia y conexión con el público.

Sin embargo, fue al día siguiente, en una de las entidades aliadas con la fundación del doctor Arellano, cuando mis ojos y mi corazón dieron fe del milagro y la obra de amor de Passion y el Hospicio San José. Las nuevas instalaciones del hospicio, en las afueras de la Ciudad de Guatemala, acogen diariamente a niños abandonados y huérfanos que padecen VIH/Sida. Patricia y Elena, sus dos líderes, me mostraron el lugar y me presentaron a los niños.

Me enterneció el amor con que hablaban de su labor, de su lucha por conseguir fondos y del esmero en los tratamientos para los niños. El personal del hospicio San José sí que hacía milagros cada día, y en dos frentes a la vez: por un lado, luchaba por la vida de sus pacientes, y por otro, contra el estigma que los niños contagiados de VIH/SIDA padecen en Guatemala. Me contaron que muchos odontólogos no quieren atender a estos niños en sus consultas, y por eso ellas tuvieron que crear sus propios servicios dentales. También consiguieron que los reciban en las escuelas públicas de la comunidad. Millones de niños mueren por discriminación y VIH/SIDA en el mundo. La solidaridad y la bondad de instituciones, como la que dirigen Patricia, Elena y su equipo pueden cambiar su destino. El hospicio, con su torbellino de emociones, energías y sonrisas, me hizo sentir que todavía nos queda un largo camino por recorrer desde la duda hasta el milagro.

De la diatriba al diálogo

La duda funciona en todos los entornos, incluso en nuestra relación con la política. Yo pertenezco a una generación que creció oyendo los discursos de Fidel Castro por radio y televisión. Muchos duraban seis horas o más. Fidel tenía una brillante capacidad de oratoria, improvisación y concatenación de ideas, y una gran incontinencia verbal. Con tono firme y autoritario, lograba seducir al público cautivo. En ocasiones, íbamos a la Plaza de la Revolución porque las autoridades nos lo imponían. La presencia en los actos masivos era un deber como ir al trabajo o la escuela, e incluso se pasaba lista. Más allá de la anécdota, y sin calificar su programa político, social y económico, Fidel logró convertirse en un estandarte político mundial. Fue y sigue siendo para algunos un símbolo de irreverencia ante el imperio.

Así crecí yo, escuchando y creyendo todo lo que Fidel decía. ¿Cómo no, si no conocía otra cosa? En esa época mi cerebro funcionaba como un reloj suizo, pero con programación digital soviética. Escuchaba automáticamente la única verdad desde que nací: "Somos una sociedad para el beneficio de todos. Somos iguales, no hay ricos ni pobres. El socialismo es el más justo de los sistemas sociales". El discurso político no se podía cuestionar. Incluso estuvo prohibido escuchar a Los Beatles. Tampoco podíamos disfrutar de Gloria Estefan, Celia Cruz, Olga Guillot u otros famosos cubanos exiliados. Lo viví de cerca cuando trabajé como DJ y locutor en las radios cubanas, entre 1980 y 1998. Algunos artistas continúan prohibidos por ser "enemigos" del sistema político. Crecí en una isla donde todo era ideología: una lata de Coca Cola y un chicle simbolizaban al imperio. La única opción era escuchar lo que venía de arriba (no precisamente del cielo), y repetirlo, porque cualquier alternativa era considerada traición a la patria o diversionismo ideológico.

La supuesta amenaza de una invasión a Cuba fue el argumento perfecto para obligarme a cavar trincheras y a disparar, siendo adolescente, con potentes fusiles AKM. Nunca lo puse en duda. Creía en la revolución y no paraba de repetir nuestro lema escolar: "Pioneros por el comunismo, seremos como el Che". Pero, ¿quién era el Che? Hoy aún no lo sé. Y no me interesa en lo absoluto. Prefiero desentrañar quién es el Ismael que repitió por tanto tiempo "seremos como el Che". Quizás aún conserve una abultada deuda con Dios, porque debí haber repetido "seremos como Dios". Sin embargo, mi cerebro estaba programado para servir a la revolución, entiéndase patria o nación, según la educación que recibí.

Entenderás por qué **dudo y desconfío de la política.** Mi cosmovisión e ideología juveniles se derrumbaron como un castillo de naipes. Miro al pasado y me pregunto: "¿Cómo lo hacía? ¿Cómo lograba escuchar con atención esas diatribas tan largas?" Hoy, relativizo todos los discursos políticos.

Como periodista, **me fascina constatar hasta qué punto están permeados de vicios, falsedades y disfraces**, aunque se pretendan auténticos y espontáneos. No son más que productos de mercadotecnia, que tienen la función de convencer, persuadir e imponer una verdad. En una ocasión, durante un debate presidencial en México, se produjo un gran alboroto por la presencia en cámara de una exmodelo de *Playboy*. Luego leí que el gran atractivo de su escote resultó lo más destacado de la noche, debido a lo aburrido de las discusiones entre los candidatos. Un analista me comentó que era muy buen síntoma, porque el aburrimiento muestra que el país no depende del próximo presidente, pues las instituciones son bastante sólidas. Enhorabuena.

Los gobernantes son políticos, pero no necesariamente líderes. Cada nación recuerda a sus presidentes y líderes honorables, responsables y respetuosos; pero también a los corruptos, caudillos y ególatras, que llegan al poder con el único objetivo de saciar su sed de mandar. En nuestras vidas no podemos desechar la política, porque en ella descansa la suerte de las naciones. **Acércate a la política y a los políticos como nos acercamos a la vida misma: pensando que nada es lo que parece.** Usa siempre el poder de la duda.

Una vez entrevisté al presidente de Colombia, Juan Manuel Santos, durante la VI Cumbre de las Américas, en Cartagena de Indias. En realidad fue una conversación más que una entrevista. Santos se desempeñó antes como ministro de Defensa de Álvaro Uribe y, como tal, ejecutó sus políticas de seguridad democrática y mantuvo una tensa relación con la Venezuela de Hugo Chávez. Sin embargo, tras posesionarse como presidente, Chávez se convirtió en uno de sus aliados más cercanos. En septiembre de 2011, entrevisté al propio Uribe y me dijo que, bajo el mandato de Chávez, la democracia venezolana se había debilitado. Le pregunté si se sentía traicionado por Santos y no quiso hablar de traición, pero dijo que Santos había dado un giro a la política exterior colombiana. Más tarde, volví a entrevistarlo y su postura frente a Chávez se había hecho más radical. También su enfrentamiento con Santos, que es ya de dominio público.

En la Cumbre de las Américas, le expresé al presidente Santos el asombro de muchos al verlo estrechando la mano a Chávez. Llegada la entrevista, le pregunté si política y diplomacia eran sinónimos de hipocresía. Admitió que hay mucho de hipocresía en la diplomacia y que estaría mintiendo el político que dijera lo contrario. "Le agradezco su honestidad, presidente", le comenté. Fue una de las conversaciones más relajadas que he tenido con un jefe de Estado. Santos es un buen escucha, que sabe responder lo políticamente correcto en cada momento. Transmite la imagen de un hombre que entiende su rol político como diplomático y negociador.

Desde el imperio con amor y sin ataduras ciegas

Vivo hace diez años en Estados Unidos, un país considerado por muchos un imperio de la ley y la democracia. Ninguna sociedad es perfecta. Así lo he comprendido a mi paso por Cuba, Canadá, Estados Unidos y México, y en cortas temporadas en España, el país de la siesta-fiesta y mi favorito para la jubilación. Las sociedades que cuidan la libertad y el bienestar se asemejan "a lo que yo simplemente soñé", como dice una canción de Pablo Milanés. Cuando vivimos en democracia, nuestra voz cuenta. Pero más cuentan nuestros oídos, porque hay posibilidades de fiscalizar a los gobernantes. Si el Estado es dueño y señor de nuestras vidas, no hay mucho que hacer desde la posición del escucha. Solo adaptarse, rebelarse o escapar.

Admiro a quienes se sacrifican por un ideal, por una causa colectiva, porque entienden que su país podría dar más y estar mejor. Admiro a los opositores enfrentados a gobiernos autoritarios, pues arriesgan sus vidas al decir la verdad. Yo no tuve ese valor, ni tampoco siento que sea mi llamado. Desde joven, cuando empecé a cuestionarme el sistema cubano, entendí que disentir implicaba grandes riesgos. **La política es como la luz de la vela: se mueve hacia donde sople el viento.**

Más allá de tu posición sobre el tema, mi objetivo es explicarte cómo **la duda siempre debe guiar nuestra escucha**. En la política y en la vida estamos sujetos a un juego. Siempre calculamos el mejor momento para decir algo relevante. Eso lo aprendemos desde niños, cuando pedimos permiso para salir con los amigos. Sabemos en qué momento papá o mamá pueden decir que sí. Y así seguimos haciéndolo con nuestros jefes o colegas si deseamos exponer alguna petición.

Una de mis entrevistas más desafiantes fue la primera de dos con el presidente ecuatoriano Rafael Correa. El mandatario había entablado por entonces querellas contra varios medios ecuatorianos, porque en su opinión lo atacaban injustamente. La conversación tuvo lugar en una sala de la Misión de Ecuador en la ONU (Nueva York). Fue amena y amigable, pero por momentos tensa. El presidente sonreía con serenidad, pero mi impresión fue que desconfiaba. En varios momentos me devolvió mis preguntas como si fuesen pelotas de tenis. Estaba incómodo con las preguntas, pese a que yo procuraba lo contrario: que, a pesar de los temas conflictivos, sintiera la confianza de poder debatirlos sin creerse juzgado.

Más tarde, me dijo que mis datos procedían de la prensa ecuatoriana, a la cual no se le podía creer nada. Mencioné otras fuentes ecuatorianas, pero el presidente siempre las desmeritó. Luego vino un tema ligero. Le recordé una charla en inglés ante estudiantes universitarios de Nueva York, que fue un éxito a pesar de su fuerte acento. Él me miró, volvió la vista a sus asesores y preguntó: "¿Tengo acento?" Yo le dije: "Bueno, eso dice la prensa, pero como usted me pide que no crea nada de lo que lea, a lo mejor es otra mentira más". Entonces sonrió y me dijo: "Bueno, no todo lo que lea es mentira. ¡No todo!" Admito que en ese momento sucumbí al estilo sarcástico con el que respondía a mis preguntas. Creo que uno mimetiza, muchas veces inconscientemente, el estilo y el ritmo de su interlocutor.

Muchos me preguntan qué siento al terminar una entrevista con un presidente. ¿La verdad? Depende del personaje, de su lenguaje verbal y corporal, del tono y la mirada. Dudo de todos los mensajes, pero no soy quién para juzgar la integridad. No me toca. Lo que sí me corresponde es apelar a la agilidad mental para confrontarlos con sus propias ideas. En mi segunda entrevista con el presidente Correa, en el Palacio Presidencial en Quito, en abril de 2012, perdí una oportunidad de confrontarle. Luego, repasando la conversación, observé un doble mensaje cuando le pregunté sobre una portada de la revista *Time* dedicada al presidente Juan Manuel Santos. "¿Quién lee *Time* aquí en América Latina? Eso es del imperio. ¿Qué importa *Time*?", me dijo. Más adelante, comentó orgulloso que una de sus asistentes había estudiado en Harvard. Me habría gustado preguntarle: "Presidente, ¿en qué quedamos? *Time* no vale porque es del imperio, ¿pero Harvard sí?"

Una de mis entrevistas políticas más gratas se la hice a la expresidenta de Chile, Michelle Bachelet, en Nueva York, días antes de que asumiera el reto de dirigir la entidad ONU Mujeres. En el curso de la conversación, se tornó humana, accesible, vulnerable. Una de las preguntas que mejor respondió fue: "Señora Bachelet, ¿es usted tan feliz en el amor como en la política?" Ella sonrío ligeramente y me dijo que era muy feliz por el amor de sus hijos, pero que aún tenía la esperanza de encontrar la felicidad en la pareja. Algo simple y humano que cambió la imagen almidonada y circunspecta que tenía de esta mujer poderosa en un mundo minado por la testosterona.

Frente al discurso político

Es bueno confiar en nuestros líderes, pero es mucho mejor mantener el pensamiento abierto a la confrontación de ideas. El ejercicio de la escucha crítica, abierta, honesta e incluyente es parte de los que somos, seres de luz y verdad. **Algunos políticos usan el discurso como si predicaran la palabra de Dios.** Recordemos que las palabras no son más que símbolos y convenciones que los seres humanos hemos acordado para comunicarnos. Hay magníficos oradores, con gran poder de palabra, y otros son más espontáneos.

Debemos huir de los extremistas, de los vampiros emocionales que nos privan de energía, aliento y buena frecuencia. El fanático se radicaliza por causas específicas, busca saciar su anhelo a toda costa. No le importa lo que escucha a su alrededor, ni los puntos de vista divergentes. **Un extremista es un sordo inducido.** Los partícipes de este libro queremos aprender a escuchar más, y a ser escuchados. La gran disyuntiva sobre cómo escuchar a los políticos pasa por distinguir quiénes escogen el camino por ostentación o para colaborar en el mejoramiento humano.

En las relaciones de poder, escuchar implica que el que manda decide y el resto cede, acepta o calla. Sin embargo, con cierto entrenamiento espiritual, también podemos decir: "Esto es un juego, y yo soy un jugador. Aprendamos a mirar desde fuera el tablero y entenderemos mejor cuál es la próxima jugada". Los grandes maestros del ajedrez juegan fuera del tablero, pues la batalla se decide en sus mentes. Los ajedrecistas, a diferencia de yudocas o los futbolistas, no se lesionan en el combate.

ESCUCHA: DE MI LIBRETA DE APUNTES

1. Te invito a que hagas un ejercicio de escepticismo. ¿En qué crees? Escríbelo en un papel y crea un mapa de tus creencias. ¿Cuáles son tus dudas? Organiza un mapa similar.

2. Coloca dudas y creencias en una balanza. Compáralas. ¿Qué es más fuerte? Básate en tus respuestas y analiza el modo en que ves la vida.

3. Prepara una lista de sueños o milagros por cumplir, sin especificar el cómo. Déjale esa parte al universo.

4. No caigas en la tentación de juzgar a todos los políticos por igual. Los matices siempre son importantes. Si escuchas sus mensajes, intenta establecer las posibles intenciones ocultas. Un mensaje aislado es insuficiente para extraer conclusiones, pero te animo a concatenar historias, discursos, ideas, y verificar sus probables contradicciones.

5. Distingue entre un político democrático y uno autocrático. La escucha y el análisis deben ser diferentes. Desconfía de los denominados "salvadores de la patria", de los que piden un resultado electoral fuerte para ganar y luego cambiar las reglas del juego democrático.

6. Los malos políticos son difíciles de detectar antes de que cometan sus primeras tropelías. Un buen ejercicio es estudiar su lista de amigos y enemigos. Esto podría ofrecernos pistas interesantes.

Capítulo 6

❧

Cala en cuerpo y alma

Era viernes, cuatro de la tarde. Me detuve un momento en la esquina de St. Clair Avenue West y Oakwood, en Toronto. En aquel entonces, no tenía un segundo que perder. De la escuela de inglés corría a casa, me ponía el uniforme de mesero y me iba a La Rancheta Dominicana, el restaurante donde con mucho gusto y muy poca destreza trabajé más de seis meses. La luz del semáforo aún no cambiaba y por razones inexplicables miré pensativo hacia el piso. Entonces observé que por mucho que bajaba la cabeza y pegaba el mentón al cuello, no alcanzaba a ver la punta de mis zapatos. Una alerta roja se encendió en mi mente, y algo resonó en el fondo de mi ser. Comprendí que el cuerpo se me había ido de las manos: la comida se había convertido en un recurso de confort y sustituto de afectos.

En la barriga podía acomodar perfectamente un embarazo de mellizos, como el de mi madre cuando engendró a mis dos hermanos. Aquel semáforo se convirtió para mí en una referencia, al igual que la báscula: 196 libras, casi llego a las 200. Parecía normal subir de peso al cambiar de país, ya que había descubierto golosinas y sabores que nunca había probado. Lo inaceptable eran esas 40 libras adicionales, en apenas nueve meses de "embarazo" de comida chatarra. Azúcares, gluten, almidones, hormonas de alimentos congelados, pollo frito y hamburguesas me trasladaban a una película americana. La batalla contra el peso comenzó ese mismo día, pero la guerra contra la causa del problema, la malnutrición, no ha terminado. Soy ahora un mejor discípulo, aunque en lucha constante. La historia del semáforo sucedió en 1999 y el milagro de la transformación en 2003.

La primera etapa fue de aceptación. Tenía un desorden alimenticio y la precariedad de mi situación contribuía a convertir la comida en un factor de adicción y distracción, ante otras carencias emocionales. Luego intenté hacer ejercicio, porque parte del problema era la vida sedentaria que llevaba en la escuela de inglés. Caminaba muy poco y atendía ocho horas diarias en el salón del restaurante. No quemaba suficientes calorías para contrarrestar aquellas comidas dominicanas con arroz, frijoles, chicharroncitos de pescado y plátanos fritos, más todo tipo de dulces. Lo peor era cuando me sorprendía, a las tres de la madrugada, al terminar de estudiar, devorando un *cake* helado. Padecía un problema serio y era incapaz de controlarlo. **Mi cuerpo me hablaba y yo no escuchaba.** Me faltaba el aire al caminar y al subir escaleras, incluso al dar una carrerita para no perder el tranvía en St. Clair Avenue. Cuando me miraba en las fotos, parecía que me habían caído 10 años encima.

Fue una época en la que mi cuerpo me alertaba con todo tipo de señales. Yo las ignoraba, porque tenía demasiados retos por delante. Ese fue precisamente mi error: no reconocer que los retos propuestos no los podría enfrentar con la misma eficiencia si no contaba con mi cuerpo, si no lo escuchaba. Comía desaforadamente, creía que eso me haría feliz, sin saber que estaba envenenando mi propia casa.

En 2003, sin haber vencido la batalla, llegó otro momento de reflexión. Dos amigos quebequenses, Dany y Marthe, me invitaron a un lujoso restaurante italiano en la ciudad de Quebec. Al leer el menú, me preguntaron: "Ismael, ¿qué te apetece?" Yo comencé con la misma queja: "No sé, porque quiero perder esta panza, y me encanta la pasta". Dany se volteó y me dijo: "Sí, pero lo primero es cortar el cuento de que eres la víctima y cambiar tu manera de ver la comida. Nutre tu cuerpo, pero no comas por gula". Su comentario sonó durísimo. Pero me hizo ver que, en efecto, no comía pensando en lo que necesitaba, sino con la falsa ilusión de que la comida me hacía feliz. Me faltaba un equilibrio entre placer y necesidad. Hipócrates, el médico griego, dijo sabiamente: "Qué tu alimento sea tu medicina, y tu medicina tu alimento". Por el contrario, yo daba luz verde a la comida para que se convirtiera lentamente en mi veneno.

Cuerpo: esencia y apariencia

En el mundo de hoy, la tecnología es un accesorio más al servicio de la vanidad. Existe un culto vanidoso al cuerpo: queremos aparentar, lucir otra edad, burlar el paso del tiempo. Ciertos fisiculturistas alteran la disposición natural de los músculos por el simple placer de exhibirlos. Quizá resulte entretenido observar

a hombres y mujeres con los músculos exageradamente defini-
dos, pero me atormenta la idea de los esteroides y productos
químicos que consumen. A la larga, esto quita frescura y vitali-
dad al cuerpo.

Es difícil hablar del cuerpo, porque en la cultura occidental
hoy es para muchos lo más importante de su identidad. Los
medios y la publicidad convierten a algunos personajes en paradigmas y modelos de masas. La idea de perfección y la falsa
ilusión de eterna juventud pueden empujarnos a cualquier sacrificio o invasión, con tal de lucir de cierta manera. Precisamente conversé sobre el tema, en mi programa, con la
diseñadora Carolina Herrera. Hablamos del concepto de belleza
y de cómo el mundo de la moda utiliza a chicas extremadamente delgadas para forjar la idea de lo elegante y lo deseable,
de lo que todos aspiramos a ser. Me decía que las modelos se
veían divinas en la pasarela porque tenían tallas ideales, pero
eran justamente eso: modelos, maniquíes humanos.

Carolina es símbolo de glamour, una mujer que sabe llevar
muy bien puesta su marca. Una de mis grandes sorpresas fue
cuando dijo que "no importa qué tan cara o barata sea la prenda
que llevas puesta. Lo más importante para lucirla es la actitud".
De Carolina Herrera me impresionó, sobre todo, su seguridad,
elegancia y postura. Con más de 70 años, todo lo que viste le
sienta perfecto. Es, sin dudas, una imagen de éxito, clase y buen
gusto. Tiene los pies bien puestos sobre la tierra cuando admite
que "hay mucha vanidad y fantasía en el mundo de la moda".
Lo que vemos no representa al mundo real: es simplemente un
ensueño que permite a los diseñadores dar rienda suelta a su
imaginación y creatividad.

El mercadeo y la industria de la moda imponen conceptos

que regulan la forma en que la sociedad mide la autoestima, además de marcar tendencias en tejidos, colores y cortes. Todos queremos conservar la lozanía. Encontrar la fuente de la eterna juventud es un sueño tan antiguo como la humanidad. Quizás hoy esta posibilidad sea más accesible que nunca. En algunos países de América Latina y algunas regiones hispanas de Estados Unidos, muchas chicas ya no piden de regalo de quince años una linda fiesta, sino un implante de senos. Muchos ahorran para vacaciones, pero no viajan a Machu Pichu ni a las pirámides de Egipto, sino a Colombia o Venezuela o cualquier destino de turismo de salud, que en realidad es un turismo de bisturí.

Una buena amiga fue de vacaciones a Colombia, hace tres años. Dejé de verla por un mes y, cuando reapareció, tenía cintura de Barbie y la nariz totalmente irreconocible. Soy bastante indiscreto con la mirada y quizás demasiado franco con los amigos. Mi amiga no tenía intenciones de confesar su extrema transformación. Además, reconozco que se acercaba a la muñeca que cada niña sueña ser alguna vez. No me aguanté y le dije: "Wow, qué buen viaje, ¿eh? Fuiste a Colombia y te pusieron en cintura y, por mi olfato periodístico, creo que ahora puedes ver mucho mejor lo que tienes enfrente de tu nariz". Primero se puso seria y luego dijo: "Ya sabía que contigo no podría esconderlo". Le contesté: "No te juzgo, pero tampoco creas que la gente no va a notar esa lipoescultura radical o el estreno de la nariz más empinada que ojos humanos hayan visto".

La naturaleza ha bendecido mi dentadura. Aparte de uno que otro blanqueamiento, nunca necesité ayuda para corregir la alineación u otros defectos frecuentes. Mi dentista en Atlanta, con su sonrisa poblada de relucientes fundas de porcelana, me dijo una vez: "Ismael, tienes una muy buena dentadura, pero creo que para la televisión es mejor que te pongas fundas y protejas los dientes del desgaste". Podía costarme 19 mil dólares, el precio de algunas vacaciones en Europa. Le respondí que no, que yo no necesitaba una nueva sonrisa.

No juzgo a quienes incorporan tecnología a su imagen con el objetivo de ser felices. De hecho, por mi trabajo frente a las cámaras, si en algún momento lo considero conveniente, quizás recurra a una de estas alternativas. La ciencia está al servicio del bienestar humano. Pero, insisto, hay cosas mucho más esenciales que los músculos postizos, los senos aumentados y los dientes de porcelana, para no hablar de los tatuajes, los piercing, los bronceados o los blanqueamientos de piel.

Ego y oge

Cuando hablo de descubrir la voz del cuerpo, no me refiero a estos reflejos que vienen del ego, sino a los del verdadero ser espiritual. El ego nos impulsa a competir con el espejo, con los demás, con nosotros mismos. **Es la energía de la muerte, a la que el propio ego teme. Por eso nos la pinta como el final, el vacío y la oscuridad**, y nos hace vivir en la ansiedad y la apariencia. Es un experto en crear supuestos deseos y carencias. **Si nos guiamos por el ego para observar nuestro cuerpo, nunca estaremos felices o satisfechos.** Por eso, yo he invertido las letras y el concepto del término "ego", que al revés, se lee "oge": la opción de generar éxtasis espiritual. Solo generando salud y armonía, a través del respeto y el cuidado del cuerpo, logramos la paz en la casa física, en nuestra armadura de carne y hueso.

Un amigo bastante cercano, doctor en medicina general, se ha especializado en tratamientos estéticos sin cirugía. Normalmente es blanco de chistes en el entorno de los conocidos. Él los acepta porque sabe que no hay otra manera de tomarse las bromas que con sentido del humor latino. Necesita describir sus emociones con palabras, porque hace tiempo éstas dejaron de ser perceptibles en sus expresiones faciales. Con tanto botox y tanto relleno, reírse a carcajadas posiblemente le produciría más dolor que satisfacción.

Comencé este capítulo con la anécdota del semáforo, y ese llamado que salió del fondo de mi corazón. Venía a decirme: "Ismael, no estás respetando tu cuerpo, necesita de tus cuidados para acompañarte en el largo camino por el que sueñas transitar". Por muchos años no entendí la importancia de esa voz, desdibujada bajo el bullicio de mi ego. **A la hora de competir, el ego alza la voz para silenciar los susurros del cuerpo y del alma.** Cuesta entender la guerra que vivimos por nuestra identidad, por nuestra esencia, más allá de la apariencia. El ego vive de aparentar y ostentar. **La esencia se nutre de compartir, educar, recibir sin reproches, sin juicios, de aceptar lo que somos, sin condiciones.** La voz del cuerpo sigue diciéndonos: *No pido lujos ni demasiado sacrificio, solo coherencia, armonía, entendimiento. Vivamos juntos, haz que tu mente entienda que no es el ego quien domina. Debe ser la esencia, lo intangible, el espíritu, el deseo de dar y compartir.*

Hoy, a mis 44 años, entiendo que ni las cirugías, ni el botox, ni los dientes de porcelana ofrecen la felicidad. Podemos pasar por estrellas de Hollywood, pero si no escuchamos la voz del cuerpo y no cultivamos el equilibrio mente-cuerpo, materia-energía, alma-físico, nunca seremos plenos, felices, luminosos, sino solamente egos. Como figura pública, durante casi toda mi vida, aprendí a respetar el silencio y los vacíos que solo el espíritu colma. **Todo lo que intentamos llenar con artificios, sin pureza, se convierte en polvo corrompido por la oscuridad.** ¿Cuánta gente sobrada de dinero, lujos y accesorios no termina su vida de manera repentina y trágica antes de tiempo? El equilibrio entre alma y cuerpo es una cuerda floja que debemos recorrer paso a paso.

Avatar y templo

Juan Muñoz, jefe del departamento de plataformas digitales de CNN en Español, me comentó una idea en la que ya había pensado: "Ismael, incluye a tus seguidores de Twitter (a los que yo llamo asociados), para que contesten preguntas y den algunos testimonios sobre ciertos temas del libro". Entonces reflexioné: *Dios quiere validar esta idea, y Juan es el mensajero.* Pensé en varias preguntas relacionadas con diferentes capítulos, y muchos de mis cómplices en Twitter y Facebook respondieron a mi correo (ismael@calapresenta.com). Por cierto, espero recibir tus comentarios cuando termines de leer este libro. ¡Serán bienvenidos! Después de la convocatoria inicial, recibí miles de cartas electrónicas. Fue difícil escoger una muestra representativa, así que tomé los más originales. Por razones de espacio, no he podido incluirlos todos. ¡Gracias por formar parte de este sueño!

De su propia boca

Estas fueron mis preguntas: "¿Cómo es la relación con tu cuerpo? ¿Le escuchas?"

~ **LUCHY:**

Mi relación con mi cuerpo es como un matrimonio de muchos años, sé que está ahí, lo amo, pero a veces olvido demostrárselo.

~ **ANDRÉS:**

Le escucho muchísimo, he aprendido que no puedes reprimir lo que tu cuerpo desea, porque trae consecuencias secundarias. Ejemplo: vives más estresado, malhumorado, con migraña. En conclusión, no disfrutas a plenitud de la vida...

He aprendido que debemos aplicar el viejo dicho: "Al cuerpo hay que darle lo que pida (...) Placer, sexo, alegría, salud, deportes y, sobre todo, una buena alimentación".

~ **DELIA:**

Sí, lo escucho, aunque a veces da miedo entender lo que trata de decirnos... Y nos da temor ir al médico por lo que nos pueda decir... Soy madre de dos hijos, y los mensajes más maravillosos que me ha enviado mi cuerpo es cuando he estado embarazada. Sin acudir al médico ni realizarme ningún examen, ya lo sabía. Llegaba al consultorio de mi ginecólogo y le decía: "vine para que me confirme que estoy embarazada".

Hay que consentir y amar a nuestro cuerpo, porque es

nuestro templo y nuestro mejor amigo. Comer sano, hacer el bien para que el alma y el corazón, que son sus huéspedes, se sientan bien en ese hogar.

∼ JOSELYN:

Escuchar el cuerpo es lo más importante. En mi caso, últimamente he subido unos cuantos kilos y mucha gente me ha criticado. Y a pesar de que yo no estoy 100% contenta con mi figura, trato de aceptarme como estoy y entender qué me está pasando. Apenas cumplí 30 años, empecé a sentir el cambio, y llegué a decir que era hormonal. Un año después, el endocrino me confirmó un nódulo en la tiroides. Así que todos los días converso con mi cuerpo, para tratar de entenderlo y conocer sus necesidades y qué puedo cambiar para que él empiece a bajar de peso y desaparezca el nódulo. Él cuerpo siempre está diciéndonos cosas y enviándonos señales, y somos nosotros los que a veces no escuchamos, hay que hacer silencio y, en medio de la meditación, ¡tratar de escucharle y entenderle!

∼ NÉSTOR:

En mi caso, por ser budista, trato de darle a mi cuerpo cuidados especiales, pero para eso se requiere una mente siempre renovada, y un espíritu en paz. Y, desde luego, una alimentación responsable. El cuerpo tiene su propia sabiduría. Por ejemplo, cuando duermes, tus órganos siguen funcionando, no tienes que darles órdenes.

Cada uno de los comentarios que leí encerraba grandes verdades y una comprensión del problema. Quienes se dedicaron a pensar una respuesta y enviarla, tenían la voz del cuerpo clara. Quizás no la escucharan o la respetaran del todo, pero sí identificada. Y ese es el punto de inflexión, el punto de giro. El cuidado y la atención a nuestro cuerpo demuestran hasta dónde respetamos lo que se nos ha dado en custodia para protegerlo.

El cuerpo habla

Escuchar no es solo distinguir los sonidos del ruido y las voces en diferentes idiomas. Escuchar, como he tratado de esbozar, es una filosofía de vida. Como ya he contado, tuve la oportunidad de conocer y entrevistar al pastor, escritor y brillante comunicador Marcos Witt, conocido exponente de la música cristiana. Durante diez años, fue el principal pastor hispano de Lakewood, Houston, donde trabajó junto al mediático Joel Osteen. Después de un primer intento fallido —su agenda está llena de compromisos— llegó finalmente a *Cala* para un programa en vivo. Estaba pálido y parecía muy adolorido. Entonces me dijo: "Ismael, mucho gusto, he venido hasta aquí para cumplir con mi palabra, pero no sé que me pasa, tengo un dolor de estómago muy fuerte y no estoy bien".

Inmediatamente, nos dispusimos a ayudarle. Había venido a Miami expresamente para hablar en el programa, y era la primera vez que algo así nos sucedía. Después de llamar a varios amigos médicos, le recomendamos el mejor hospital de la zona y allí se fue con su acompañante. El programa tuvo que cancelarse. Marcos Witt quedó hospitalizado durante cinco días y yo estuve muy preocupado por él. Admiro su trabajo y talento, y creo en su mensaje, pero sobre todo, me preocupaba su salud. Fue un día que no olvidaremos.

Hasta que le dieron el alta seguimos comunicándonos vía Twitter. Meses después, ya sentados frente a frente, le digo para empezar:

—Marcos, qué susto nos diste en agosto. ¿Cómo está tu salud?

El suelta una carcajada y dice:

—El gran susto de mi vida, Ismael, me lo llevé yo. Nunca había tenido un dolor tan grande, no sabía qué me pasaba, estaba desesperado. Después de cinco días en los que me trataron la principal causa del dolor, que era una gastritis muy seria, también descubrieron otras cosas que andaban mal con mi cuerpo… Gracias a Dios, ahora todo está bajo control.

Le pregunté si la gastritis podía ser el resultado de una vida descontrolada, con tantos compromisos y giras y tan poco tiempo para cuidar de su salud. Volvió a reírse:

—¿Descontrolada? Muy descontrolada. Justo ahí me di cuenta de que tenía que prestar más atención a mi cuerpo.

Como algunos de nosotros, Marcos sabe que el cuerpo es una máquina perfecta. Pero que puede fallar sin el debido mantenimiento.

Si viajamos con niños en un avión, las instrucciones de seguridad establecen que primero nos pongamos la mascarilla de oxígeno y luego auxiliemos al menor. Al principio, la advertencia me pareció rara, porque lo normal es que instintivamente protejamos primero a los niños. Pero la realidad es que solo podremos ayudar a los demás si estamos bien. Con nuestro cuerpo sucede lo mismo, ya que es un reflejo de quiénes somos. **Más allá de la vanidad, el cuerpo es la extensión de un estilo de vida, de una filosofía aplicada a la cotidianidad.** Al margen de los biotipos genéticos, nuestros cuerpos reflejan cómo vivimos y pensamos, qué priorizamos en el día a día.

La cultura oriental entiende el binomio cuerpo-mente como la única vía posible para tratar nuestras enfermedades y dolencias. Nuestro bienestar depende de la perfecta armonía entre el cuerpo y el espíritu. Es un matrimonio sin posibilidad de divorcio. **El cuerpo es un templo sagrado.** El poder de escucharlo nos ayudará a llevar una vida saludable y plena.

Escuchando al cuerpo: las alertas del estrés

Mario, por ejemplo, no lograba reconocer la voz de su cuerpo ante el estrés. Sin darse cuenta, estuvo a punto de morir. Desoía la voz porque su mundo giraba alrededor de su exitosa megaempresa dedicada a la construcción. Sus hijos, su esposa, sus amigos… todos estaban supeditados a su gran éxito profesional. Fue subiendo de peso año tras año, y, cuando se percató, apenas podía moverse. Sufría diabetes, falta de aire, cansancio extremo, migrañas repentinas, insomnio… Lo conocí en el restaurante dominicano donde yo trabajaba en Toronto. Sudaba a raudales y me pidió un Tylenol para el dolor de cabeza. Era un hombre con muchos recursos, jefe de más de 200 empleados; sin embargo, no había tomado vacaciones en cuatro años, porque la empresa debía seguir creciendo. La vida le estaba pasando factura, y su única obsesión era ganar más dinero y convertirse en dueño de una multinacional.

Un día, recibí una llamada.

—Ismael, ¿qué tal? ¿Cómo vas?

—¿Quién habla?

Era la primera vez que lo escuchaba al teléfono.

—Soy yo, Mario. Estoy acostado, en cama, en el hospital, y pensé en saludarte.

Él continuó sin dejarme hablar:

—La verdad es no sé que he hecho con mi vida, no sé si tengo una arteria a punto de reventar o un tumor en la cabeza. Algo serio está pasando y los médicos no quieren decirme qué es. Eso sí, me dicen que no puedo seguir soportando este peso. Estoy a dieta. La verdad, Ismael, no sé lo que Dios me tiene destinado, pero hombre, tú siempre fuiste un caballero conmigo. Hoy, viendo mi agenda de teléfonos, me di cuenta que tengo demasiados conocidos: muchos proveedores, distribuidores y hombres con los que hago negocios, pero casi ningún amigo.

Ese día, apenas pude responder:

—Vas a ponerte bien, Mario… ¿Te permiten visitas?

Dijo que sí, dentro de un horario. Ya había pasado lo peor, estaba en observación. A la semana siguiente fui a verle. Estaba demacrado, pálido, pero sobre todo parecía deprimido. Le saludé:

—Bueno, ¿entonces qué tienes?

Él miró al techo, y luego me dijo:

—Pues, 300 problemas, 300 libras de peso, que ya he comenzado a perder con una dieta sin sal ni grasas, y un principio de diabetes. No hay cáncer, ni arterias bloqueadas, pero el doctor dice que estoy en serio peligro por mi peso.

—Mario, pero, ¿qué fue lo que te trajo al hospital?

—El estrés, Ismael, el estrés. Yo no creo en esa vaina, pero eso es lo que dijo el médico, y también la psicóloga que me entrevistó. Dicen que sufro de un complejo desequilibrio por mi estilo de vida y tengo el cuerpo colapsado. Mi cuerpo no ha logrado relajarse en mucho tiempo: he vivido con un torrente constante de cortisona, adrenalina, y todas esas otras hormonas del estrés.

Yo había oído que el estrés mataba, pero nunca antes había visualizado en alguien el problema. De repente, me dijo:

—Pero ahí no termina la cosa, Ismael. La psicóloga me dice que sólo puedo recuperar mi cuerpo y mi salud a través de la relajación, bajando esos niveles tóxicos de hormonas del estrés.

Ni Mario ni yo escuchábamos la voz de nuestros cuerpos. Yo no podía digerir fácilmente lo que le recomendaba la psicóloga.

—¿Qué te sugieren para relajarte?

—No hacer nada, disfrutar la vida, mi familia, meditar, contemplar. Ismael, yo no puedo quedarme cinco minutos perdiendo el tiempo. Mi familia sabe que hago estos sacrificios por su bienestar.

Hoy entiendo que Mario estaba totalmente deshalanceado, y yo también. En aquel momento, entre la adaptación al nuevo país, el trabajo de mesero improvisado y el aprendizaje de inglés, no creía tener un minuto para quedarme quieto sin hacer nada. No lo creía, pero mi estilo de vida iba exactamente por el mismo derrotero que el de Mario. Él tenía 300 libras y yo estaba a punto de alcanzar las 200. Cuando la psicóloga le propuso la meditación, él simplemente no podía ni concebir la idea. Le provocaba ansiedad, nerviosismo y sentimientos de fracaso. Por suerte para él, la acupuntura le salvó la vida. Luego aprendió a hacer ejercicios de relajación, pero nunca les llamó meditación. Creo que la palabra le asustaba. Pero entendió que no iba a sobrevivir sin incorporar la voz del cuerpo a su escucha diaria.

Cuando nos vimos por última vez en 2003, antes que yo me

mudara a Miami, Mario pesaba 120 libras menos. Se veía saludable, y, por primera vez, me dio un abrazo con una amplia sonrisa. Fue un reencuentro mágico, porque no nos habíamos visto desde 1999, el año de su percance. La universidad me había mantenido demasiado ocupado. Dejé de trabajar como mesero, y hasta perdí su número de teléfono. Nos dimos cuenta de que habíamos encontrado un buen balance para manejar el estrés y respetar nuestros cuerpos.

En los tres meses anteriores, dos DVDs me habían ayudado a cambiar y a dar un giro en relación con la comida, el dinero, las asociaciones del pasado y muchos otros conflictos en mi fuero interno. El primer DVD fue *Get the Edge*, del motivador, escritor y *life coach* estadounidense Anthony (Tony) Robbins. El otro éxito rotundo para cambiar mi rutina fue *Power 90*, de Tony Horton. Fue un verdadero *bootcamp* de disciplina y voluntad, para respetar la voz del cuerpo, por un motivo genuino: el bienestar del cuerpo y el alma.

A estos dos mentores virtuales, a quienes todavía no he agradecido en persona, se unió el apoyo de varios amigos como Dany Pinault, Mireya Escalante, Myrna Kahan y, sobre todo, de Claudia, mi productora colombiana en TLN Telelatino. Nos íbamos al gimnasio a la hora de almuerzo. Allí hacíamos rutina de cardio, pesas, pilates y yoga. Claudia había estado por muchos años rellenita, pero logró hacer de su cuerpo un ejemplo de buen comer y buen vivir, y una figura espléndida que muchos admirábamos.

En marzo de 2003 sentí por primera vez que mi cuerpo exudaba bienestar, luz, buena energía y, sobre todo, felicidad. Tuve el nivel de energía necesario para emprender lo que quería sin demasiado esfuerzo. Hasta ahora, ha sido el mejor momento de escucha de la voz de mi cuerpo. Los yoguis, budistas y muchos atletas que aprenden a escuchar de manera cuidadosa la voz de su cuerpo logran un momento de sinergia. La voz interior y la voz de su cuerpo dejan de discutir y de reclamar atención, y susurran en perfecto dueto. Superan los celos y se unen en una sinfonía de timbres y colores. Así encuentran la manera de ser realmente felices.

La mente es mucho más que una serie de pensamientos e ideas aisladas y almacenadas en el cerebro. La compenetración entre la voz del cuerpo y la voz emocional con la voz interior, es mucho más fuerte de lo que imaginamos. Los médicos lo saben y los psicólogos lo usan para sacarnos de nuestras obsesiones, traumas y enfermedades autoinfligidas. Los adivinadores lo explotan cuando saben que una mente es fácilmente sugestionable. Mi abuela decía que si uno se bañaba después de comer podía darle una embolia. Por mucho tiempo respeté su advertencia, pero luego supe que solo era un mito. Sin embargo, a mi abuela seguramente le habría dado una embolia si se hubiera metido en el agua después de comer.

Esta es la gran moraleja que en este sentido nos dicta la ciencia. Muchas enfermedades progresan porque no escuchamos a nuestro cuerpo. Lo empujamos hasta que no tiene otro recurso que obligarnos a prestar atención. Aprendamos a escuchar las alertas del estrés. Si escuchas detenidamente tu cuerpo, lograrás liberarte de las tensiones y mejorar exponencialmente tu calidad de vida. Cada célula del cuerpo es como una caja fuerte, con su propia combinación secreta. La manera de descubrirla y canalizar tu propio bienestar es combatir el estrés. Podemos hacerlo mediante la meditación, la relajación, los ejercicios de respiración y la presencia consciente del ahora:

vivir y respirar este instante, no un segundo después, ni un segundo por venir.

Según las estadísticas, un altísimo porcentaje de las enfermedades son inducidas por el estrés. Un amigo y una tía padecen de psoriasis, unas manchas rojas que aparecen en diferentes partes del cuerpo. En ambos casos, la enfermedad se manifiesta como un termómetro del estrés en sus vidas. Cuando están relajados, las ronchas desaparecen. Es un caso obvio de cómo **el cuerpo nos habla y encuentra maneras de gritar y saltar ante nuestros ojos**. A veces, algunos escuchamos antes. Otros lo logran un poco más tarde, e incluso algunos mueren tempranamente porque nunca pudieron (o quisieron) escuchar el mensaje de salvación.

La ansiedad y el estrés de que algo salga bien no son negativos. Me asaltan antes de comenzar cada programa, al igual que al director de orquesta o al atleta. Sin embargo, otro tipo de estrés nos puede matar, alterar y literalmente quitarnos el sueño. Perjudica el sistema nervioso, porque no logramos controlar sus efectos nocivos. Ese estrés nos domina, se convierte en nuestro "amo" y nosotros en sus siervos. ¡Todo es uno, uno es todo! Así funciona nuestra existencia.

Si conseguimos controlar el estrés y lo domesticamos con técnicas de relajación como el yoga, la meditación, la contemplación y la oración, permitimos que nuestros sistemas (circulatorio, digestivo, endocrino) entren en armonía y operen inteligentemente. **Respiramos, comemos, pensamos y sentimos con cada célula de nuestro cuerpo.** Cada vibración corporal reverbera en nuestro nivel de energía, nuestro estado de ánimo y nuestra conciencia. El cuerpo habla y su verdadera voz no piensa en imagen, sino en salud, bienestar, abundancia, energía y alta frecuencia para comunicarte con el universo. **Escuchar la voz del cuerpo permite entrar en un proceso de éxtasis con el espíritu.** Hay que romper las paredes de la prisión donde el ego nos encierra para impedirnos alcanzar nuestro potencial.

El cuerpo nos delata

A medida que la tecnología sigue avanzando, la mente humana va perdiendo capacidad de gestión. Ya no memorizamos cálculos matemáticos, ni tampoco direcciones. Somos cada vez más dependientes de nuevos mayordomos virtuales, que lo hacen casi todo. Sin embargo, hay verdades ancestrales que no cambian, aunque no las tengamos en cuenta. Como comunicador curioso, leo el lenguaje corporal en las entrevistas y en la vida diaria, y lo hago hasta inconscientemente. No soy un experto en el tema, pero he leído teorías sobre gestualidad. Hay gestos elementales al alcance de todos. Por ejemplo, si una persona cruza los brazos en una conversación, enseguida nos cuestionamos si está dispuesta a escucharnos. Quizás sea timidez, pero ese interlocutor no está del todo relajado.

Los latinos, a diferencia de otras culturas, hablamos bastante con las manos. Los italianos, que también son latinos, son muy expresivos. A veces, con una sola expresión facial y un gesto de la mano, lo dicen todo. Yo disfruto viéndolos hablar con señas. Es un lenguaje maravilloso. El acto de saber escuchar está ligado a la habilidad de interpretar lo que se dice, y es un proceso subjetivo. Inconscientemente, todos hacemos conjeturas sobre las respuestas del otro o sobre su manera de proyectarse. Ya te había dicho que **hay dos tipos de personas en el mundo: las que hablan más de lo que escuchan y las que escuchan más de lo que dicen**. Las segundas, de seguro, son las más sabias.

Cuando diferencio entre ver el cuerpo desde el ego o el oge, es porque éste es quien lleva la mayor parte de la comunicación. El 90 por ciento de nuestra charla con el mundo es corporal, no verbal. ¿Y quién habla por nosotros, incluso sin darle órdenes? ¡Nuestro cuerpo! Muchas veces, el cuerpo de una persona expresa lo contrario de lo que la persona dice: son dos mensajes opuestos e incoherentes. Nuestra personalidad es una mezcla de esos dos lenguajes. Los gestos, las expresiones faciales, las manos y hasta la forma en que nos sentamos tienen sus connotaciones. Si observamos estos detalles, podemos hacer una radiografía de la personalidad de nuestro interlocutor y comprender mejor ciertos tonos de voz y ciertas actitudes, más allá de lo que nos dice. Se trata de la así llamada técnica kinésica, estudiada por Ray Birdwhistell y otros en los años 50 del siglo XX.

Cada persona frente a ti es una oportunidad para escuchar. Observa con detenimiento su lenguaje corporal, sus reacciones innatas, como reír o llorar. Ambas pueden forzarse, pero siempre se percibe cuando son auténticas. Ningún ser humano se mueve igual que otro. Esta libertad es lo que hace admirables los cuerpos de un ballet, que sincronizan sus movimientos para forjar una identidad. Las famosas Rockettes del Radio City Music Hall en Nueva York son el clásico ejemplo de esas admirables coreografías.

Una anécdota interesante sobre el lenguaje corporal me sucedió cuando estudiaba inglés en Toronto, recién llegado de Cuba. Le extendí la mano a mi compañera de mesa y, con suavidad, toqué la suya para pedirle una goma de borrar. Ella, que usaba velo musulmán, aunque con la cara descubierta, me dijo firmemente: "No me puedes tocar, solo mi esposo me toca". Además, no me dio la goma: estaba molesta y yo, sorprendido. Conocía algunas diferencias culturales básicas, pero no tenía noción de sus consecuencias en la proximidad física.

Las manos también hablan, más allá de la lengua de signos. Acentúan y completan lo que expresan las palabras. Sin darnos cuenta, sin pedir permiso, el cuerpo y sus posturas nos ubican en determinados nichos sociales. Una de las mejores habilidades que aconsejo a todo el que quiera escuchar es mirar directamente a los ojos del interlocutor. Los ojos son el reflejo del alma, y las emociones se muestran a través de ellos. Si miras a alguien a los ojos, es fácil ver cuándo dicha persona se emociona o miente.

Fuente de felicidad interior

En la escuela primaria, me enseñaban que la educación física era indispensable para la salud, la fortaleza y el éxito. La tuve como asignatura obligatoria desde preescolar hasta la universidad y la nota contaba en el promedio académico. Siempre fue la que menos me interesó. En parte, porque no fui un niño demasiado social y el ejercicio físico me obligaba a interactuar con el grupo. Yo prefería leer mis libros a "perder el tiempo" corriendo y sudando. Muchas veces busqué excusas para evadir las clases. Sabía cuál era el máximo de ausencias sin penalización académica, y cada semestre las usaba sin discriminación alguna. La actividad física no era lo mío; la lectura y el estudio, sí.

Mi desconexión con el ejercicio perduró casi toda mi adolescencia. A los 22 ó 23 años, ya graduado de la universidad, decidí inscribirme por primera vez en un gimnasio, sin que nadie me obligase. Quería mejorar los brazos, bajar la panza dulcera y activar un poco más mi mente. La mayor parte de mi juventud fui un analfabeto en cultura física. ¡Qué perdido estaba! Muchos pensamos que el ejercicio no es divertido, sino tedioso, aburrido, un sacrificio. Por el contrario, está demostrado que nos trae felicidad. Ejercitarse produce placer. No he encontrado una mejor manera de cambiar de estado de ánimo y lograr equilibrio emocional que a través del ejercicio moderado. Mi secreto mágico ha sido trotar, correr con ímpetu, pero sin perder el aliento: hago intervalos de carreras de velocidad de un minuto, y luego dos minutos de trote muy ligero, casi caminando, para descansar. Esa rutina es divertida y muy eficiente para despertar el corazón, ahuyentar el estrés y mantener la forma física.

Los científicos han comprobado que los niveles de endorfina, feniletilamina y noradrenalina/norepinefrina, los llamados químicos de la felicidad, aumentan cuando hacemos ejercicio. Mi propósito no es entrar a fondo en complicados procesos hormonales, pero sí decirte que el cerebro se oxigena con el coctel de sustancias que produce la actividad física. En algunos casos se produce una euforia, que de hecho he experimentado cuando corro, dependiendo de la velocidad y del día. Cuando el ejercicio es parte de nuestra vida y se convierte en una filosofía, el cuerpo y la mente lo exigen y se convierte en una droga. En las jornadas con mi entrenador a veces siento que mi cuerpo no va a aguantar; pero luego experimento un confort indescriptible. Termino en estado de armonía, listo para descubrir y resolver cualquier rompecabezas que la vida me depare.

La palabra "ejercicio" asusta y paraliza a muchos, pues no lo tienen incorporado como algo imprescindible para ser felices, exitosos y controlar mejor las emociones. En los últimos 15 años he tenido varios entrenadores personales. Ha sido el mejor incentivo para alguien como yo, desmotivado y reacio a romper la inercia y el estado contemplativo.

Juan Carlos es nutricionista y somos prácticamente contemporáneos. Entiende cómo estimular a sus clientes para que hagan ejercicio y lleven así una vida sana, balanceada y desestresada. Lo primero que me dijo al comenzar las sesiones fue: "Tenemos que mejorar tu postura, debes pararte y caminar más erguido". Yo sabía que mi espalda podía estar medio arqueada, por la mala costumbre de sentarme incorrectamente frente al ordenador. Pero lo que no esperaba era que mi entrenador me prometiera un beneficio.

Con el tiempo entendí por qué Juan Carlos ha sido entrenador de muchas estrellas o celebridades, incluido el mismísimo Ricky Martin. A partir de ahí, el sacrificio de recibir sesiones con mi "torturador personal", como cariñosamente le digo, se hizo más interesante. Durante cada ejercicio, me explica cómo lo que hago repercute en la fuerza de mi abdomen, en la salud de mis rodillas... Al final, siempre concordamos en que ahora tengo más claridad mental para tomar decisiones.

La grasa que no se ve

Mientras este libro estaba en revisión, sentí que valía la pena recoger los cambios y las transformaciones que me estaban ocurriendo. En octubre de 2012 noté que mi energía no era la misma, que no me despertaba con disposición para "comerme el mundo". Me faltaba fuerza, no dormía bien, y, sobre todo, mi cuerpo no rendía todo lo que yo esperaba. Una vez más, me preocupé por la salud y decidí consultar a mi médico de cabecera, Eddie Armas. Luego visité al doctor Lee Barbach, gracias al consejo de mi amiga Marger. Es naturista, especializado en terapia del cerebro, tiroides y endocrinólogo, además de quiropráctico. Contraté además los servicios del nutricionista y entrenador personal José Fernández, para que me ayudara a perder la grasa abdominal que me sobraba.

Quizás la gente no me veía mal, pero yo me sentía totalmente agotado y sin esa chispa que siempre he tenido al amanecer. Los exámenes indicaron deficiencias de cortisol. Por eso despertaba sin energía. Además, varios alimentos me estaban haciendo daño: resultó que soy intolerante al gluten, la soya, el maíz, los lácteos y a la proteína whey o suero de leche. ¡Qué cambio de vida me esperaba!

Con José Fernández, la rutina y la comida se convirtieron en un reto: mejorar físicamente para ganar en salud. Incluso, me prometió un "estómago plano con cuadritos", algo que nunca logré, ni siquiera a los 20 años. Mientras lees este libro, el programa ya debe haber concluido. No sé si ahora lo tenga, pero mi propósito es continuar con un estilo de vida saludable. Si algo puedo asegurar es que lo que he ganado en salud no tiene precio.

Quiero compartir algunas conversaciones sostenidas con los organizadores de mi plan, por si pueden servirte de cara a mejorar la salud y tu nivel de energía. El Dr. Lee Barbach, una persona que convence desde el saludo y con una amplia experiencia en el tema, resume así mis problemas: "Viniste a mi consultorio con síntomas de una salud en declive. Los resultados de los análisis fueron negativos en ciertos aspectos, debido a los alimentos nocivos que insospechadamente comías a diario". Lo primero que hizo fue ordenarme análisis en las siguientes direcciones: hemograma completo, paneles lípidos, paneles inmunes, vitamina D, tiroides y anticuerpos de tiroides, alergias alimenticias y chequeo de glándulas para determinar el nivel de estrés, entre otros. Cuando identificó las alergias, me formuló una dieta, además de medicamentos y suplementos naturales. Un mes después, volví a saber lo que era tener la energía de siempre.

El mayor esfuerzo, incluso superior al plan de entrenamiento físico, radicó en esta transformación de mi alimentación. Entra dentro de lo posible que alguien padezca un tipo de alergia alimentaria, pero lo que no estaba en mis cálculos era que yo podía padecer muchas a la vez: ¡muchísimas! Preocupado, le pregunté a Barbach si estas alergias e intolerancias duraban toda la vida, si se podían curar o tratar. "Algunas son permanentes", me dijo, "otras van a mejorar con el tiempo. La dieta y las vitaminas están funcionando bien".

Otras dudas procedían de las complejidades hormonales de mi cuerpo, de las posibilidades de balancear las hormonas de un modo natural. "Las hormonas son fundamentales para el normal funcionamiento del cuerpo", me explicó. "En nuestro programa, usamos un simple análisis de saliva para evaluar todas las hormonas femeninas y masculinas. Juegan un rol en todas las funciones del organismo, por lo que hay varios síntomas que pueden estar relacionados". Citó entonces las sudoraciones nocturnas, el aumento de peso, el insomnio, la fatiga, la libido baja, los cambios de humor, la depresión y los problemas de memoria. "Nosotros proveemos, en esos casos, suplementos que ayuden a las hormonas a encontrar un equilibrio".

Para compartir lo que he aprendido en estos meses de duro trabajo físico, pregunté a mi nuevo entrenador y nutricionista, José Fernández, por qué se ocupaba de gente como yo, que no aparenta ser obesa. La respuesta aún me llena de entusiasmo: "Porque la obesidad muchas veces es una enfermedad silenciosa. Hay personas que aparentan un peso normal, pero dentro de su organismo tienen un porcentaje exagerado de grasa, que más adelante se ve irremediablemente reflejado en enfermedades e inconvenientes de salud".

José dice que no es que haya "obesidad escondida en la cintura", sino que acumulamos más grasa en alguna parte del cuerpo y, en mi caso específico, era en la cintura. Las preocupaciones de José aumentaron al determinar que yo tenía un 30% de grasa abdominal. "Esa cantidad es una alerta roja. Ese porcentaje me indica que estás a punto de tener obesidad clínica, y que de inmediato hay que bajarlo. Solo te esperan enfermedades y complicaciones", me advirtió.

El plan de trabajo ha sido severo. La base es la alimentación. "Sin duda alguna, no tenías buenos hábitos alimenticios, y eso se vio reflejado en el porcentaje de grasa que había en tu cuerpo", comenta José. "Como complemento, un buen régimen de ejercicios logrará que en pocas semanas te veas mucho mejor y que tu salud y energía estén en todo su esplendor".

"¿Qué es más importante, la nutrición o los ejercicios?", le pregunté a José, quizás buscando el camino más fácil. Pero claro, no existen caminos fáciles. "La alimentación será el 90 por ciento del cambio. Es tu gasolina. Así únicamente vas a poder acelerar el sistema metabólico para bajar el porcentaje de grasa.

Debe ser equilibrada. No estás ingiriendo alimentos solo para saciar el hambre, sino que estás alimentando y nutriendo cada una de las partes de tu cuerpo. Eso es ser y estar saludable. El ejercicio es beneficioso desde cualquier punto de vista, pero la alimentación será lo que cambie drásticamente tu cuerpo".

A controlar la boca, me dije yo. Y, de regalo, diez semanas de "tortura" en el gimnasio. No es fácil para alguien que viaja tanto. ¿Qué hacer en estos casos con el entrenamiento y el plan nutricional? "Planificarse", me orientó. "Tener control sobre lo que se va a comer y de las horas en que se debe hacer. Tus batidos y barras de proteína te salvan el viaje". El reto ha sido difícil, pero así es mi destino: una lucha constante por la autosuperación. La batalla por la buena nutrición no es sencilla, pero es la única vía para establecer un verdadero "bienestar".

Si, como dicen los semióticos, lo que te molesta es el signo, la palabra "ejercicio", cámbiale el nombre por una promesa asociada al placer. No se trata únicamente de producir químicos estimulantes del cerebro, pues escuchar la voz del cuerpo no es un asunto de fisiculturismo. La cuestión es hablar con el cuerpo, establecer una conversación para mantener la máquina perfecta en perfecto estado. Muchas personas no han descubierto aún la conexión directa y por eso sufren enfermedades que podrían prevenir si conversaran con su cuerpo. Cuando nos sentimos felices, lo miramos todo desde un mundo de paz interior. Esto produce un efecto de ondas concéntricas, un tsunami de contagio. He leído que la buena salud está justo detrás del matrimonio como fuente fundamental de felicidad, sobre todo entre la gente mayor. Los jóvenes dan por sentada la buena salud, y no la aprecian.

Disfrutar las bondades del cuerpo debe ser una carrera de superación y un reto. Cada día se disfruta el camino. En el momento de mayor trabajo, de mayores exigencias a nuestra atención, es cuando más tiempo debemos dedicar al ejercicio. Son hechos directamente proporcionales. En mi caso, el ejercicio se ha convertido en una válvula de escape para estabilizar mis niveles de estrés. Entre más rápido tomemos acción para atender la necesidad de movimiento de nuestro cuerpo, menos afectados nos veremos por el estrés.

ESCUCHA: DE MI LIBRETA DE APUNTES

1. Combate la inercia mediante prácticas sanas y divertidas, entre ellas el trote, *spinning*, *biking*, *kick boxing*, pilates, yoga, Bikram yoga, senderismo y baile.

2. Recuerda que mover el cuerpo diariamente nos hace sentir más felices, contamos con mayor energía, disfrutamos una mejor jornada de sueño y descanso reparador, lucimos mejor, nuestra autoestima se eleva, mejoramos el sistema inmunológico y la disposición sexual y podemos disminuir los riesgos de un ataque al corazón.

3. Cuelga un póster o una foto como referencia de tu cuerpo ideal. Algo que continuamente te ofrezca una meta. Sin obsesión, solo como una señal, porque el ser humano es visual.

4. Párate desnudo/a frente al espejo y quédate allí en silencio, en pura contemplación de lo que ves. Los pensamientos no dejarán de fluir. Aceptación, crítica, rechazo, vanidad, miedos. Bendice tu cuerpo, ama tu templo.

5. Lleva un diario por una semana. Haz un repaso de lo que comes. Estudia si realmente estás alimentando tu cuerpo o usando la comida como refugio y consuelo.

Capítulo 7

∼

Hágase el silencio

Con el paso de los años he aprendido que el silencio es el mejor aliado cuando no tengo nada relevante que decir. Si la persona a la que entrevisto lanza una pregunta para la que no tengo respuesta, o simplemente una interrogante retórica o provocativa, no siento el impulso de agarrar la pelota como si fuese un *catcher* de béisbol. **Casi todos vemos la comunicación como un juego entre oponentes, pero en realidad es más un ejercicio de escuchar que de lanzar.** Somos los únicos seres vivientes, como recuerda mi amigo Carlos Galán, que comemos cuando no tenemos hambre, tomamos agua aunque no tengamos sed, y hablamos aunque no tengamos nada bueno que decir. Creemos que Dios nos dio la lengua para no dejarla descansar, pero sirve para muchas otras cosas.

La "serpiente" escondida detrás de los dientes es un músculo increíblemente potente. Se dice que es el más poderoso y fuerte del cuerpo en relación con su tamaño. Recientemente escuché una curiosidad que me dejó pensando, pues es una posible respuesta a por qué casi nunca nos callamos. El médico Eddie Armas siempre me dice —e imagino por qué— que la lengua es un músculo que no se agota. La garganta se seca de tanto hablar, la mandíbula se cansa, pero nadie puede decir que se le haya cansado la lengua. Eddie también opina que es la parte del cuerpo que más rápido se cura y la que más bacterias alberga. ¡Qué maravilla de órgano puso Dios en nuestro cuerpo! La lengua también nos fue dada como código de identificación. Al igual que las huellas dactilares, su superficie cuenta con un mapa único, me recuerda Eddie. Solo espero que ahora no se establezcan controles en los aeropuertos: "Saque la lengua, por favor", diría un agente de Inmigración y Aduanas antes de pasarle un pequeño escáner. Al cabo de un silencio sepulcral, una luz verde se enciende y del computador emerge una voz: "Welcome back, Mister Cala. Bienvenido a casa".

La lengua salva y hunde, puede ser una bendición o un tormento; es una bestia salvaje que necesitamos domesticar con la mente. La virtud de saber escuchar se asocia con los sabios porque usan su conocimiento con prudencia, moderación y sabiduría. Como explica la periodista Sonia González en un magnífico libro que te recomiendo leer, *Habilidades de comunicación y escucha*, esta sabiduría procede de saber callar y escuchar al otro. Para comprenderlo de verdad y ponernos en su lugar, necesitamos estar en paz con el silencio, y aprender a apreciarlo como parte de nuestra salud y bienestar espiritual.

Una de las mayores satisfacciones que me ha deparado este libro ha sido la de incorporar a sus páginas a varios cómplices y amigos de las redes sociales. Quiero compartir las respuestas a dos preguntas que hice sobre el silencio: ¿Cuál es para ti el valor del silencio? ¿Cuándo fue la última vez que estuviste en silencio?

∽ ALEJANDRA:

Creo, ante todo, que el silencio puede caminar por dos veredas distintas. En una vereda se asimila al miedo, al dolor y al sufrimiento. Puede ser amigo de la indignación y hasta es capaz de unirse a la discusión, convirtiéndose en el más "ruidoso" (silencio).

Sin embargo, cuando cruza la calle y llega a la otra vereda, el silencio pasa a ser un señor bien aventurado, de buen vestir, capaz 'de brindar una sensación de placer sin igual. Pasa a ser un amigo incondicional que todo lo sabe y nada cuestiona. Pero son pocos los que conocen esta cara del silencio.

Para mí, el silencio es oro. Es un lugar que visité pocas veces. El silencio es el único que me dice la verdad por más cruel que sea. En el silencio, estamos sólo yo y mi existencia. El silencio me llena más que las palabras. Lástima que muchas veces evitemos su compañía, precisamente porque da respuestas a nuestras preguntas; nos gusten o no, el silencio es sincero.

Hoy estuve en silencio. ¿Qué tipo de silencio? Ese silencio que es físico pero no mental. Como cuando te vas al medio del campo y no se escucha ni siquiera el sonido del aire, pero en tu mente estás con ruidos, gritos, palabras, dudas, inseguridades. Pero mira lo que me haces recordar: la última vez que mi mente estuvo en silencio fue en medio de mucho dolor y llanto cuando falleció mi padre, que era un ejemplo de bondad. Ese día estaba en silencio mental y espiritual porque sabía que no había quedado nada pendiente y nos habíamos dicho todo.

Gracias, Ismael, y que tu libro sea revelador para quienes lo lean. ¡Adelante!

Gracias a ti, Alejandra. Hay mucha verdad en lo que escribes. El silencio es un tesoro. La psicóloga Pilar Sordo, que ha investigado el tema, descubrió que existe un turismo del silencio: hay personas dispuestas a viajar y pagar dinero para disfrutarlo. Por otro lado, es sabido que algunos personajes pagan por el silencio de otros, para que no digan lo que saben. El silencio se ha convertido en un codiciado activo en la "bolsa de valores" humanos.

∼ JUAN CARLOS:

El silencio es respeto, una virtud que pocos tenemos. El verdadero valor del silencio lo encuentras cuando te das cuenta de que has cometido un error y que no escuchaste el consejo de un ser querido. El silencio no es falta de comunicación, sino todo lo contrario: un silencio dice mucho.

La última vez que estuve en silencio fue cuando recibí un gran consejo de mi mamá. Ella dice: "Cuando se quiere se puede". Medité sobre sus palabras en silencio.

∼ BLANCA:

Hola, querido amigo. En un momento de mi vida, que fue terrible, quise morir. No tenía ni fuerzas para hablar ni para sostenerme de pie, me dolía el corazón y no podía llorar porque estaba al lado mi hijito, y él no sabía lo que me pasaba. Ese día le dije: Amor, solo abrázame, y en ese abrazo, en el que no dijimos nada y sentí toda la energía, toda la tranquilidad y todo el amor que él me estaba transmitiendo. Era como si me dijera: "mamita, no me vayas a dejar, sé que te sucede y te comprendo". Me quedé dormida al lado de él, y cuando abrí los ojos entendí que, pese a lo que me había sucedido, la vida era él. Nunca le he contado esto a nadie, Ismael. Lo recuerdo ahora y lloro.

El silencio es de sabios. Yo he aprendido a callar cuando debo, por ejemplo, si alguien me quiere hacer daño o sacarme de casillas. Entonces es mejor dejar que la otra persona se desgaste y tú, tranquilo.

Hay silencios que traen amor y esperanza. Hay otros silencios que hieren. Yo prefiero los primeros. Gracias, amigo, por permitirme contar este secreto. Un abrazo de corazón.

A Blanca, y a tantas otras personas que enviaron sus respuestas, también mi agradecimiento. Aprendí mucho de ustedes. Me hace feliz compartir estos temas de los que no hablamos con nuestros amigos o compañeros de trabajo.

Una de las cosas que la gente preserva en silencio es la búsqueda espiritual, probablemente por temor a sentirse incomprendidos. Recuerdo que una vez, en un vuelo a Quito, coincidí con un danés que se dirigía a un retiro espiritual en la selva. Luego de una hora de conversación, me habló del tema con mucha reserva. Ni su familia conocía la verdadera razón del viaje. No hablaba de temas espirituales ni en casa ni en el trabajo, porque dudaba de que otros se interesaran en compartir su camino. Me sorprendió la coincidencia, pues es también mi caso. De hecho, viajar sentado a su lado fue obra del destino. Yo tenía reserva en primera clase, pero al llegar al mostrador me informaron que nunca había sido confirmada. Mi única opción fue tomar el último asiento disponible, justo al lado del danés.

La primera y única vez que asistí a un seminario espiritual, con Miguel Ruiz y su hijo Miguel Jr., comprendí el valor incalculable del silencio. Don Miguel no necesita hablar para conectar con los demás. El retiro, en Delray Beach (Florida), duró tres días. Miguel saludaba a cada uno con un abrazo de esos que no pueden describirse. Hacía tiempo que un desconocido no me daba un abrazo tan intenso. No hicieron falta palabras. El silencio que brota desde dentro es paz, luz, energía de amor. Es la matriz donde comulgamos con el universo. **No podemos construir la paz en medio del ruido. La paz es sinónimo de silencio, goce y sonrisa.**

∼ GREISY:

El silencio, para mí, es protección, cohesión, resignación y miedo. Es quedarme callada ante la injusticia que veo día a día. Una noche, cuando era niña, dos ladrones mataron a un transeúnte en nuestro edificio. Era de madrugada, y mi familia se escondió debajo de la cama. Escuchamos a los ladrones, que esperaban a que bajara las escaleras el primer trabajador, para robarle. Lloramos cuando escuchamos los disparos, y nos abrazamos cuando los ladrones corrían hacia el callejón. A la mañana siguiente, el silencio en mi familia fue el mejor aliado. Tenía apenas diez años.

El silencio es morderme los labios para que no me boten de la universidad, porque ya denuncié en un periódico las irregularidades de la administración y me amenazaron con bloquearme si publicaba otra cosa. Y eso que estudio comunicación social.

El silencio es respirar profundo y tragar saliva, para no hablar de política, porque necesitas un trabajo para sacar a tu familia adelante.

El silencio es el mejor aliado para un país inseguro y lleno de miedo. Aunque por dentro estés gritando por decir la verdad.

Querida Greisy: Entiendo perfectamente lo que cuentas, porque también opté por el voto de silencio en mi país natal, a la espera de una oportunidad para explorar el mundo. En el plano de las apariencias, nos hemos acostumbrado a usar el silencio para estar a tono con lo que impone la sociedad. En relación con el tema de las afiliaciones ideológicas, habría mucho por donde cortar, pero ése no es el propósito de este libro. No obstante, si todos decidieran guardar silencio ante el rumbo de sus naciones, como hemos hecho tú y yo en diferentes circunstancias, el destino estaría secuestrado por unos pocos.

∼ NORKA:

El valor del silencio es el valor de la prudencia. Y no la prudencia de contar hasta tres, si no la que puede llegar a cambiar tu vida. La última vez que decidí guardar silencio fue en una conversación improductiva entre chavistas y no chavistas. En mi país se perdió la verdad. ¿Cómo opinar? Éxito con tu libro.

Pregunté a mis colaboradores de Twitter sobre el silencio, para que respondieran a través de mi cuenta de correos, ismael@

calapresenta.com. Muchos se mostraron asombrados, porque no se detenían a pensar en ello muy a menudo. Aquí te comparto otras respuestas que fueron fuente de inspiración para mí. Soy simplemente un discípulo que busca crecer en voluntad y disciplina para llegar a la iluminación, la compasión y la energía.

∼ ANIA:

Para mí tiene el mismo valor que la meditación. Busco estar en silencio con mi ser, para escuchar mi propio interior y dejarlo influir en mí.

Cómo escuchar el silencio

Como sucede en una misa, el silencio crea una atmósfera espiritual donde toda palabra cobra otro sentido. **El silencio nos permite ser, el ruido nos obliga a estar.** Es único, e irreemplazable, pues sólo a través de él podemos descifrar el mensaje de la vida.

∼ MARIAN:

El silencio para mí es un estado emocional, un sentimiento, el complemento perfecto (de) la añoranza y la nostalgia. Tener la capacidad de quedarse en silencio es cuestión de grandes estudios científicos. Para algunos estar en silencio puede ser una maniobra necesaria, pero para otros peligrosa, porque hay quienes callan cuando en realidad deberían gritar.

El silencio suele pasar desapercibido, tiene pocos amigos y es tan tímido que dura solo minutos. Pocos logran tomarse un segundo para escuchar el silencio, sentirlo, olerlo

y hasta verlo. En lo personal, considero que el alma nece-
sita el silencio. Es el único momento en el que somos capa-
ces de reconocer nuestras virtudes y errores: en el silencio,
nuestros defectos comienzan a hacer escándalo y nos vemos
obligados a oírlos.

Con este mundo tan caótico, el silencio es como la men-
ta fresca, debe estar en la cartera para refrescarnos cuando
lo necesitemos. Quien le huye al silencio le huye a sus de-
fectos, el Sr. Silencio es experto en hacerlos notar.

Gracias, Marian. ¡Qué sabio todo lo que compartes! Cuando leo lo que he recibido de ustedes, pienso en cuánto potencial tenemos para vivir en armonía. Mi próxima meta es participar en un retiro de silencio de tres días. Conocí a unas muchachas que tenían el ritual de hacer un retiro así seis días cada fin de año, pues querían recibir enero limpias de cuerpo y alma. No son budistas, asiáticas, hindúes, ni estaban particularmente conectadas con la filosofía oriental. Por el contrario, son cubanas, y bailarinas exóticas. Al principio, la combinación me resultó extraña, pero mandé a callar mis prejuicios. No basta con cerrar la boca y practicar el silencio de dientes para afuera o mordiéndose la lengua. La práctica del silencio neutraliza el deseo del ego de competir, compararse y aparentar. Cuando creemos poseer la verdad, es difícil percibir algo y no caer en la tentación de categorizarlo en bueno o malo, loable o rechazable.

En mis entrevistas trato de no tener prejuicios ni emitir juicios. Es una tarea difícil, porque constantemente pregunto a los invitados sobre muchos asuntos, incluso algunos muy íntimos. Hay momentos en que me quedo en silencio. En otros, interrumpo amablemente para repetir una frase o concepto clave y facilitar al televidente una segunda oportunidad. Dos veces he entrevistado a Sharon López, una mujer fascinante de más de 60 años que vive con VIH desde 1991 y se desempeña como activista-educadora. Sharon enseña a vivir con la enfermedad y a luchar contra los estigmas y la discriminación. Es una mujer valiente, espontánea y segura. Isabel Bucaram, productora VIP de *Cala* y gerente de Relaciones Públicas de CNN en Español para Estados Unidos, movió cielo y tierra y encontró a Sharon.

En la segunda conversación que tuvimos sobre el estigma del VIH, Sharon me dijo: "Ismael, haberme contagiado con el sida fue un regalo de Dios". Inmediatamente, usando la técnica de escucha intencional, la interrumpí repitiendo su frase: "Haberte contagiado de VIH es un regalo de Dios". Ella explicó que antes de contagiarse llevaba una vida sexual libre y sin protección. Cuando recibió el desalentador diagnóstico sobre su esperanza de vida, comenzó a valorar lo que somos como seres humanos. Se propuso sobrevivir y vencer a la enfermedad, y así lo ha hecho por más de 20 años. Mientras Sharon contaba su testimonio, poco tenía yo que aportar; solo guiar la conversación con curiosidad. En este caso, el gran mensaje estaba en la voz y la experiencia de la otra persona, no en mí.

¿Qué significa el silencio durante el diálogo?

El silencio es oxígeno, aire, respeto. De acuerdo con el contexto, también puede significar aceptación o indiferencia. El que calla otorga, dice la conocida frase; aunque a veces **un silencio intencional no significa aceptación, sino otro camino para evitar las garras de la provocación.** No siempre tenemos una respuesta para todo, no debemos sentirnos obligados a decir algo. Démonos permiso para responder "no sé". ¿Cuesta tanto? Pese a pasarse la vida investigando, nadie puede dominar todo el conocimiento acumulado hasta hoy. Solo en silencio, y conectados con el resto del universo, podemos comenzar a vivir la escucha divina en humildad.

Posiblemente algunos lectores me dirán en sus cartas: "Ismael, pero yo no sé cómo visualizar el universo, es un concepto muy extraño". No puedo ni pretendo ofrecer un concepto definitivo. **Solo sé que somos parte del todo.** J. B. S. Haldane, biólogo de vocación, dijo que "el universo no es solo más extraño de lo que suponemos, sino aun más extraño de lo que podemos suponer". Gracias, Mr. Haldane, por poner freno a nuestra insaciable "necesidad de saber", incluso en los asuntos del reino espiritual.

Hay muchos libros sobre técnicas de meditación, terapias de silencio y métodos para aprender a conocer el silencio. Yo puedo recomendarte algunas de mis fórmulas. Nací en un pequeño pueblo de campo, donde descubrí que **ninguna píldora, masaje o terapia puede reemplazar la verdadera conexión del ser humano con el universo**: la que se produce en plena naturaleza, alejada de las concentraciones del ruido citadino, el asfalto y el metal. En una de sus visitas a mi apartamento de Miami, Michel Damián hizo algunas observaciones sobre el ruido exterior. Hay cosas que están a la vista diariamente, pero no reparamos en ellas porque ya parecen incorporadas. Un día me dijo en el balcón: "Qué pena arruinar una vista de Miami tan bella, incluyendo el río, la bahía y los rascacielos, con el insoportable ruido de las turbinas de aire acondicionado". Entonces le dije: "Claro, como si en Madrid, donde tú vives, no hubiera pitos de autos y toda clase de ruidos". Defendí mi vista porque es extraordinariamente interesante. Y porque la ubicación panorámica hace que los agentes de bienes raíces te ofrezcan las propiedades como si fueran balcones exclusivos de la Ópera de Viena. Hay mucho ruido en las ciudades. Se ignora que necesitamos terapias de silencio. Esta es una de las razones por las que visito las iglesias. Son raros espacios en los que se respeta el derecho a callar y a estar en comunión interna.

La naturaleza nos habla con señales y sensaciones, no con palabras. En mi infancia, me hacía muy feliz trepar a un árbol de mango y pasarme horas en la copa, observando el paisaje, escuchando el trinar de los pájaros y descubriendo lo que movía el viento. Todos los seres humanos necesitamos esa conexión y esas dosis de silencio, meditación, oración y recarga espiritual. **Tu salud y satisfacción personal son directamente proporcionales al nivel de conexión y al silencio que inhalas de la naturaleza.** Una experiencia impresionante es nadar junto a los delfines. La viví en Punta Cana, República Dominicana, gracias a mis amigos Evelyn, Jochy y Lalo. La interacción del delfín con el ser humano resulta muy interesante. La sensación de nadar, con una criatura de inteligencia instintiva, nos conecta con una realidad por encima de las pasiones humanas.

Recuerdo la primera vez que me atreví a nadar desnudo. ¡Qué experiencia de liberación tan inolvidable! Algunos psicólogos afirman que la verdadera libertad se alcanza cuando nos desnudamos, pues así vinimos al mundo. Por eso la ausencia de vestimenta, sea en el baño o en la playa, provoca sensaciones especiales. **Meditar sin ropas es la glorificación misma.** En mayo de 2002 visité la "cala" La Joya, en la provincia española de Granada. Mis guías nunca dijeron que se trataba de una playa nudista. Yo nunca había ido a ninguna, pues solo llevaba tres años fuera de Cuba y aún vivía en Toronto. De hecho, era mi primer viaje fuera de Canadá, así que tenía mucha ilusión por descubrir España. Tardé cerca de una hora en tomar la decisión. Sin presencia de nadie, en pleno diálogo interno, y con mis shorts y franela puestos, entendí que no debía juzgar negativamente lo que veía. ¿Y qué veía? Familias a lo lejos, abuelas con sus nietos, papás y mamás jugando con sus niños en la arena; hombres y mujeres leyendo, escuchando música y disfrutando de la tranquilidad de aquella pequeña playa granadina. Todos desnudos.

De repente, una voz me dijo: "Ismael, todos nacimos sin ropa, la sociedad nos ha condicionado a llevarla. ¿Por qué tienes vergüenza de nadar desnudo? ¿A qué le temes? ¿Dónde están los prejuicios? ¿Son morales o de autoestima?" En aquellos tiempos tenía algo de sobrepeso, y las llantas de grasa se verían al quitarme la franela. Mi barriga distaba mucho del abdomen de Cristiano Ronaldo, pero lo que más me preocupaba era mostrar las partes íntimas. Ya había pasado una hora de debate interno, en la que mi ego evaluaba el bien y el mal de la situación. Me levanté, miré hacia todos lados, y a la una, a las dos, a las tres, me quedé como Dios me trajo al mundo… y directo al agua.

La sensación es indescriptible. La libertad de sentirme como un recién nacido, como un pez en el agua, me dejó una gran lección de apertura. **Si no somos capaces de negarnos a nosotros mismos, y apartar lo que creemos saber, no seremos capaces de crecer.** En la vida, como en los negocios, si hacemos siempre lo mismo para alcanzar algo nuevo, solo perfeccionaremos lo visto, sin conseguir otros descubrimientos. Lo mismo ocurre con los pensamientos. Si los sedimentamos en el jardín de la mente, estos crecerán, se convertirán en árboles, echarán fuertes raíces y serán muy difíciles de transformar, en parte porque respetamos su antigüedad en el jardín. **Hay que encontrar espacios de silencio para mirar hacia dentro** y ver cómo crecen las plantas. Pero también vigilar la maleza que crece silvestre a su alrededor. Solo así podremos hablar de jardín. Lo otro es solo una selva, sin diseño ni cuidado.

Abraza el silencio, somete tu lengua para aprender a escuchar. El silencio es el mejor de nuestros aliados, no el enemigo. El enemigo es el ego, que vive del ruido. Sin darnos cuenta, tratando de acallar las voces del miedo, preferimos el ruido de las ciudades. Creemos que ya estamos acostumbrados, pero no, simplemente lo soportamos. El cuerpo, de manera sabia, nos alerta del peligro. **El ruido es un aspecto urbano que "antagoniza" con la felicidad.** Si el silencio es tu llave de conexión con el mundo, la oración y la meditación son sus rituales. Te invito a que los veneres, porque los seres humanos adoramos el rito.

El gran reto de mi vida ha sido apaciguar mi mente y aprender a amar el silencio y la soledad, para luego disfrutar doblemente del placer de compartir con otros. **Meditar es mirar hacia dentro, hurgar en espacios desatendidos de nuestra conciencia.** Es dejarse ir, fluir, hacer un alto en la carrera del "Yo", para cargarnos del aire puro que renueva el espíritu. Meditar es la mejor práctica espiritual para la felicidad. Cada día, cuando te des ese espacio, aunque sea de pocos minutos, te conectarás contigo mismo, con el todo, con el manantial que nace en cada uno de nosotros. Es infinito y extraordinario.

ESCUCHA: DE MI LIBRETA DE APUNTES

1. Con la práctica del Bikram yoga, adquirí la capacidad de controlar y alentar la respiración y el ritmo cardíaco y me ayudaron a controlar el estrés. Fue una larga aventura contra la ansiedad. Luego, como todo entrenamiento, llega el momento en que la mente se rinde, y comienzas a ser tú quien controla. Te recomiendo acudir a una sesión similar.

2. Al meditar, imagina que tu cerebro es un computador. Mueve los pensamientos negativos al cesto de basura, para que desaparezcan. Llévalos al departamento de desperdicios.

3. Imagina un río que fluye en otoño. Hay muchas hojas de diversos colores que caen al agua. Son los pensamientos que afloran en tu mente. Quédate en silencio, déjalos ir, como las hojas que se lleva el río. Si son pensamientos negativos, dales un color que no te guste. Si son positivos, al contrario. Pero no los entretengas, no los desarrolles, déjalos correr. Qué se los lleve el río. Si es de noche, centra la atención en puntos de luces en medio de la oscuridad y conviértelos en estrellas.

4. Abraza el silencio. Conviértele en tu mejor aliado. Programa tiempos de ocio destinados a estar en soledad y contemplación.

Capítulo 8

~

Calando sueños

Somos lo que soñamos, y mucho más: energía infinita, luz y materia. **Soñar es libertad. Quienes no pueden hacerlo arrastran cadenas mentales.** Muchas veces cierro los ojos y dejo que la imaginación cree el escenario deseado para alguna situación particular. Lo que comienza con una meditación guiada se desarrolla espontáneamente en forma de sueño consciente. Es como un sueño de lucidez y presencia.

Cuando estudiaba historia del arte, en Santiago de Cuba, trasnochaba leyendo los temas de la carrera. Mi único contacto con las obras maestras eran fotografías y diapositivas, muchas veces descoloridas. En una ocasión, estudiando la obra de Leonardo da Vinci para un examen, entré en estado de "sueño lúcido". Sabía que soñaba, pero lo que vivía parecía demasiado real. Allí conocí a Da Vinci, me mostró sus obras y expresamente se detuvo a explicarme su Mona Lisa. Recuerdo haberle dicho: "Maestro, ¿cuándo será el día en que pueda estar frente a su obra original? Sé que estoy soñando, alucinando, que no es real, pero quiero que lo sea. Me encantaría estar frente a su obra". Da Vinci me contestó: "El tiempo es una ilusión. Te darás cuenta cuando estés de pie frente a la Mona Lisa, y veas cuánto has vivido entre estos dos momentos". Levanté la cabeza del escritorio y miré hacia ambos lados. La biblioteca estaba casi vacía y a punto de cerrar. Lo sucedido solo lo compartí con un amigo cercano, de la residencia universitaria, que sonrió y dijo: "Ismael, estás obsesionado con los estudios". Y es cierto, fui intenso y apasionado durante la carrera.

En la película *Midnight in Paris*, dirigida por Woody Allen y protagonizada por Owen Wilson y Rachel McAdams, me sorprendió gratamente el tratamiento de lo real y lo mágico. Gil e Inez, dos norteamericanos a punto de casarse, viajan unos días a París. La magia de la ciudad envuelve al joven, que se enamora de la capital francesa y sueña con una vida distinta. A medianoche la realidad se transforma, y Gil comparte momentos únicos con grandes artistas e intelectuales de otra época. De paso, se enamora de una encantadora mujer. En la película, el protagonista desarrolla diálogos parecidos al mío con Da Vinci. Un día, mientras pasea por el Barrio Latino, empieza a soñar con los felices años 20 y con las campanadas de medianoche. Y entonces un coche le invita a un paseo por el París de aquella época. Gil llega a conocer a F. Scott Fitzgerald, Cole Porter, Ernest Hemingway, Pablo Picasso, Salvador Dalí y Luis Buñuel. Nada más emocionante que sumergirse en un excelente libro o en una película seductora. Igual sucede con una buena conversación, pues nos parece un sueño. Mientras leemos o estudiamos, la capacidad de soñar permite vivir eventos y tiempos que la lógica histórica limita. **Escuchar nuestros sueños es un buen camino para crear una vida plena y feliz. La inspiración está en todas partes, pero nace dentro, no fuera de nosotros.**

La historia del arte, y los genios que conocí a través de su legado, me inspiraron a creer en el potencial creativo del ser humano. Los egipcios aún me deslumbran con sus pirámides perfectas y sus técnicas de momificación. Las genialidades de Miguel Ángel, los impresionistas y los abstractos me abrieron los ojos a un mundo de sueños. La tecnología sigue sorprendiéndome con cosas que otros dan por sentadas. No he perdido mi capacidad de asombro cuando veo cómo un avión despega, vuela a 40 mil pies de altura y aterriza al otro lado del mundo. No he podido asimilar aún cómo, hace menos de diez años, alquilábamos películas en formato VHS y luego en DVD, y ahora las vemos directamente por internet. Comencé a hacer radio hace más de 30 años. Entonces, se grababa en cintas magnetofónicas editadas con cuchillas. Hoy todo se produce en computadoras. Cuando a los 15 me inicié en televisión, las cámaras parecían dinosaurios y eran en blanco y negro. Las que usamos actualmente en el programa *Cala* son robóticas. ¡No hay nadie detrás de ellas! ¡Cómo ha cambiado todo en tan poco tiempo! Y lo que nos falta por ver. **Lo que conquistamos se debe, indiscutiblemente, a la capacidad de soñar de la raza humana.**

Los humanos hemos desarrollado la capacidad de imaginar y soñar, por encima de cualquier época o circunstancia. Profundizar en los detalles científicos del sueño es tarea de psicólogos, psiquiatras, neurólogos y otros; pero puedo afirmar que, en plena revolución tecnológica, controlar los sueños se ha convertido en una promesa con la que muchos juegan. La tendencia a inducir "sueños lúcidos" aumenta cada vez. Muchos hemos vivido esa experiencia y ahora algunos también se proponen controlar las temáticas. Varias aplicaciones de celulares prometen escoger el asunto o ambiente del sueño. Una de ellas es Dream:ON, creada por el psicólogo Richard Wiseman, que en sólo seis semanas experimentó más de medio millón de descargas en todo el mundo. Esta *app* supuestamente ofrece la posibilidad de decidir lo que soñamos. Entre sus opciones podemos escuchar sonidos de pájaros, que en teoría nos harían soñar con la naturaleza. Sin embargo, pocos confirman su funcionamiento e incluso el desarrollador dice tener solo un 50 por ciento de éxito. Es evidente que el ser humano quiere controlarlo todo, y los sueños no escapan a tal necesidad.

Keith Hearne desarrolló en los años 70 una "máquina de sueños". El experimento demostró conexiones entre el estado de sueño y el mundo exterior. Ésa es la relación más importante cuando tenemos una visión y creamos un sueño para nuestras vidas. La posibilidad de imaginar nos describe como criaturas de transformación. En muchas culturas, el término sueño se utiliza metafóricamente como referencia a nuestros objetivos, anhelos y esperanzas. Representa la visualización de nuestras aspiraciones. **Todos tenemos capacidad para soñar. Nuestra "máquina de sueños" viene incorporada.** Cada persona la posee, aunque no todos se atreven a imprimirle velocidad. Hay quien pide un manual de instrucciones, pero Dios ha evitado dárnoslo. La capacidad de soñar, las aspiraciones de realización personal y los aportes a la sociedad se relacionan con los códigos de autoconfianza, con la validación de quienes te rodean.

Si nos atrevemos a soñar, podemos transformar nuestras vidas para nuestro propio bienestar. **No nacimos para una vida ordinaria**, no, señor, sino para crear una existencia de goce y entrega. **Nacimos para pertenecer y estar en armonía.** La "varita mágica" está más cerca de lo que pensamos. Es solo cuestión de cerrar los ojos y comenzar a buscarla, y forjar nuevos espacios e imágenes de nosotros mismos. Somos responsables de nuestras peticiones, decretos y sueños. Luego hay que seguir el camino con fe en el Creador y esperar a que se manifiesten las cosas. Si sentimos que la realidad nos aprisiona, pensemos que los sueños nos liberan, y nos permiten crecer, y transformarnos, y compartir.

Sí, pero no

Hay dos términos, en cualquier idioma, que comprometen absolutamente nuestras acciones, decisiones y juicios. Tienen tanta fuerza como el silencio, y muchas veces separan las aguas de la conversación. "Sí" y "no" son las primeras palabras que aprendemos a decir, junto a mamá y papá. Los grandes desafíos de la humanidad pasan por estos vocablos, y por el silencio. **La vida está hecha a imagen y semejanza de nuestros sueños.** En la mente vamos creando un mundo ideal para vivir, el umbral de lo que merecemos, o creemos merecer, que depende de cuán grandes son nuestros sueños y qué tan fuertes nos sentimos para conquistarlos. **Cada persona tiene potencial para convertirse en líder de su ruta.** Sin embargo, el camino no lo dibujamos solos, pues no vivimos en una burbuja. Si soy lo que siento, respiro y gozo, es porque mucha gente, a lo largo del trayecto, ha conspirado para hacer realidad mis sueños. Entre la ayuda terrenal, la "suerte" y el mayor cómplice —nuestro Creador, el Dios universal— **la ruta de los sueños es infinita.**

Los grandes inventos de la humanidad nacieron de sueños geniales, trabajados con perseverancia y fe. También de la aceptación del fracaso, que no es tal, sino una ocasión para moldear mejor un sueño. ¿Quién podría imaginar, hace una década y media, que la conectividad convertiría nuestros teléfonos en minicomputadoras? Cuando alguien me pregunta si estoy satisfecho con lo que he logrado, siempre digo: "Aún me falta. Estoy haciendo lo mejor que puedo en el momento en que vivo, pero siempre miro adelante, sueño y disfruto el presente". **La historia de cada ser humano se diferencia por el poder de sus sueños.** La capacidad de soñar define el carácter de nuestra existencia en este mundo. Muchos creen en la suerte, otros no. **Yo soy un eterno cazador de sueños**, y creo en ellos porque disfruto del resultado de muchos años de fe. Este es un mundo para soñadores. Los extremistas pragmáticos tienen otra misión: ejecutar las visiones de los que sueñan. **O experimentas tu propio sueño o vives el de otro.** Esto lo descubrí hace tiempo.

Steve Jobs, por ejemplo, ha entrado en los anales de la historia por haber sido un soñador, un visionario. También Walt Disney, Thomas Edison, Albert Einstein, Samuel Morse, y muchos que soñaron hasta el éxito e invirtieron en perseverancia y pasión. Por el camino se enfrentaron a la prueba del ego, a las dudas, las burlas y las envidias, simplemente por la osadía de soñar. La palabra "soñador" se usa a veces despectivamente para designar a un "iluso", a una persona que no tiene los pies en la tierra. De hecho, la definición de la Real Academia de la Lengua Española es:

iluso, sa.

(Del lat. illūsus, part. pas. de illudĕre, burlar).

1. adj. Engañado, seducido. U. t. c. s.

2. adj. Propenso a ilusionarse, soñador. U. t. c. s.

Por supuesto, existen soñadores ilusos que viven en las nubes. Pero **quienes sueñan de frente a la realidad, con la complicidad del universo, no son "ilusos".** Son agentes de cambio, que pueden transformar sus vidas y las de aquellos a su alrededor. Muchos dudaban de que Nelson Mandela hiciera realidad su gran sueño: ver a Sudáfrica libre del apartheid. Su propósito no era un cuento de hadas, sino una idea magnífica, que exigía la energía del cambio. Aspiraba a la igualdad racial y por esta causa corrió innumerables peligros, y después de padecer la represión y la cárcel se convirtió en el primer presidente negro de Sudáfrica. Tampoco Martin Luther King fue un iluso, aunque en su época muchos lo veían como tal. Sus palabras contra la segregación racial resonaron en millones de personas. En Estados Unidos no era fácil escucharlas pero no se dio por vencido. Todavía hoy, falta mucho para una igualdad racial plena, sobre todo en las mentes más resistentes al progreso, pero su lucha fue decisiva para frenar la discriminación institucional. Logró dar voz a quienes no la tenían, y ser escuchado por quienes no se atrevían a soñar. Sabía perfectamente qué riesgos corría, pero consideró que sus principios valían la pena.

También Jesucristo fue considerado un iluso en su tiempo: predicaba que había que amar al prójimo como a uno mismo y soñaba con la compasión, el perdón y la solidaridad. Para los agnósticos y los ateos puede parecer una misión imposible, pero para los cristianos su sueño aún sigue vivo. **El mundo está repleto de grandes sueños. Los mejores están al servicio del prójimo, y se nutren del amor y la esencia divina.** Hay otros que se mueven por la exaltación del ego y van llenando de muerte el camino. En la lista están Napoleón, Hitler, Mussolini, Pol Pot, Stalin y otros. **Hay algunos dictadores, todavía vivos, que siguen secuestrando los sueños de otros en nombre de su ambición y su egolatría.**

No necesitamos ser genios para soñar con hacer la diferencia. No es necesario ser Obama, Spielberg, García Márquez o la Madre Teresa de Calcuta. Todos somos mortales, algunos con dotes y talentos especiales, pero, sobre todo, tenemos capacidad para conquistar nuestros sueños y vivir nuestras pasiones. El caso de Celia Cruz no deja de sorprenderme. A lo largo de su vida, se dedicó a endulzarles la vida a millones de personas. Como le comenté en mi única entrevista con ella: "Usted exporta más azúcar al mundo que toda la industria azucarera cubana". No pudo cumplir el sueño de regresar a Cuba antes de morir, pues ser parte del exilio le costó una "prohibición de entrada" que pesaba como una roca. Pero vivió feliz con el sueño global de alegrar y animar corazones, de tocar las fibras más íntimas de la gente. Fue una hechicera de la alegría, su contagio era irresistible.

En 2012, Celia fue seleccionada como un icono de los Estados Unidos en un concurso auspiciado por el Museo de Historia Americana del Instituto Smithsonian. "No nació en Estados Unidos, no descubrió ninguna cura ni produjo ningún cambio social", reseñó *El Nuevo Herald* a propósito de su victoria en el concurso. Sin embargo, su rostro quedó inmortalizado en las paredes del Smithsonian, como embajadora de la alegría, reina sin coronación ni súbditos, reina musical, reina de corazones. Ganó la convocatoria con once mil votos, el 44 por ciento del total. No competía con otros latinos, sino con iconos de la cultura y la historia estadounidenses. Su fuerza entre los que la conocieron, su legado emotivo, hizo que le ganara a Audie Murphy, un soldado condecorado de la Segunda Guerra Mundial y estrella de cine; a la activista Alice Paul; a Frederick Douglas, un reformista social afroamericano, escritor y gran orador. Le ganó al mismísimo Samuel Morse, que fue un pintor y un genio y co-inventó la conocida clave Morse.

La Reina de la Salsa, indudablemente, dejaba huella por donde pasaba. Sólo con oír su música, bastaba para percibir su conexión con el universo y una estela de energía. Era una persona interesada en escuchar a los demás, apasionada de la virtud de compartir. Quizás algunos discrepen de su elección, pero lo cierto es que, sin inventar nada material, marcó la vida de millones de personas y la llenó de emoción. Como expresó el Smithsonian, representó también una historia multifacética de inmigración, música y entretenimiento. Son muchos los artistas talentosos, pero Celia fue más que eso: formó parte de un sueño colectivo para compartir alegría y felicidad, fue un alma de empatía, compasión y solidaridad, un ser que invitaba a soñar.

Viví el triunfo de Celia con mucha alegría. Con ella quizás sostuve la entrevista más breve de mi carrera, pero también la más deseada y emotiva.

Mi sueño con La Reina

La primera vez que escuché a la guarachera, un amigo me dijo casi al oído: "Es La Reina de la Salsa", y yo respondí: "¿Quién?" Entonces continuó susurrándome: "Nuestra Celia Cruz". Su nombre lo había escuchado en los pasillos de CMKC, la estación de radio en la que crecí. Allí la gente la recordaba por sus días de gloria junto a la Sonora Matancera y como solista. Para mi generación era solo un fantasma, sin voz ni imagen, en una época donde no existía internet y la información estaba más controlada que ahora. La música de Celia estaba prohibida en las emisoras cubanas (todavía lo está), pero el día en que la escuché en casa, por primera vez, su voz me trasmitió algo inexplicable: goce, armonía, alegría de vivir. Poco a poco me fueron llegando, de manera clandestina, algunas de sus famosas canciones.

Conocerla fue siempre un sueño. Pensé que algún día se darían las condiciones, pero este sueño, y otros muy determinantes, aún no tenían fecha posible para el joven Ismael. Pasaron los años y, un día de octubre de 2002, Celia llegó a Toronto para ofrecer un concierto. Enseguida me propuse conocerla, entrevistarla y expresarle mi cariño. Entonces resultó que la cadena de televisión donde trabajaba patrocinaba el concierto. Cuando me informaron que presentaría en escena a La Reina de la Salsa, dije: "Gracias, Dios mío". Pedí una entrevista, pero no me la concedieron. No perdí las esperanzas. El día del evento, ella entró discretamente en su camerino y dejó la puerta entreabierta. Yo estaba cerca, ensayando los textos para la presentación. Quería que todo saliera perfecto, mi mente estaba en el sueño realizado. ¡Ya me había visto sentado conversando con ella, a solas, en un ambiente íntimo!

Vi pasar a Omer Pardillo, entonces manager y hoy presidente de la Fundación Celia Cruz. Le dije:

—Omer, mucho gusto, soy Ismael Cala, tengo el honor de copresentar el evento —en eso, sentí la voz de Celia que llamaba a Omer y hablé más fuerte para que me escuchara—. No puedo irme a dormir esta noche sin conocer y entrevistar a Celia, aunque sea cinco minutos. Soy de Santiago de Cuba, hijo y devoto de la Virgen de la Caridad del Cobre, patrona de Cuba. Nací justo en su día, un 8 de Septiembre. Comencé a escuchar a Celia a escondidas, sin conocer su cara, solo su voz. Es una de las personas a quien más admiro. Necesito esa entrevista, Omer. Más que por la nota, por mi deseo de compartir con esta embajadora de la alegría en todo el mundo.…

Sabía que ella me estaba escuchando. Omer me interrumpió:

—No está dando entrevistas ahora, está cansada. Tenemos muchos compromisos, será en una próxima oportunidad.

Yo me negaba a aceptar el "no", pero entonces Celia dijo desde el camerino:

—Omer, dale los cinco minutos al muchacho. Omer, ven acá.

El manager fue a su encuentro, salió enseguida y me dijo:

—Celia se queda en este hotel. Sal de aquí en cuanto termine la penúltima canción, y espéranos listo con la cámara en el lobby, para que converses con ella cinco minutos.

—¡Genial! —grité—. Gracias, Celia. ¡Azúcar!

Presenté el concierto con la mayor emoción del mundo, y luego corrí al lobby a esperarla. Durante la actuación me di cuenta de que, efectivamente, Celia parecía cansada. En un momento se le cayó el micrófono y le costó trabajo recogerlo. Lo que Omer no me había dicho, y luego supe por las noticias, es que Celia sufría un cáncer que terminaría con su vida unos meses después. Fue una de sus últimas presentaciones y, definitivamente, la última en Canadá.

Celia llegó con peluca rubia y unos labios de rojo intenso que combinaban con el tono de sus uñas. Sonrió y me dijo: "Aquí estoy, muchacho, comencemos". La cámara comenzó a grabar y fueron los cinco minutos más íntimos, conectados e intensos que he vivido en mi carrera. Ella, aunque estaba agotada y enferma, me miraba intensamente a los ojos, me regalaba su mejor sonrisa y respondía atentamente a todas las preguntas. Verla, hablarle y sentirla fue un sueño hecho realidad. Un momento que me marcó para siempre. La primera vez que la vi fue en Miami, en el Festival de la Calle 8. Su imagen y dulzura me sedujeron. Mi amigo Daniel Morano me dijo: "Por ahí va Celia, con Pedro", en referencia a su esposo. Entonces nos movimos y le hicimos una foto dentro de la limosina. Ella nos saludó con mucho cariño y se despidió. Ese día me dirigí nuevamente a Dios y pedí: *Necesito conocer a Celia, conversar con ella.*

Recuerdo haber seguido su funeral por televisión. No pude contener las lágrimas. Hoy, Celia está en mi corazón y es objeto de mis oraciones. Aquellos minutos significaron mucho para mí. **Es evidente que las impresiones que provocamos en los demás no dependen del tiempo, sino de cuánto nos entreguemos.** Y aquí retomo lo de "soñar no cuesta nada", porque todo, absolutamente todo, tiene su precio. Semanas después de la entrevista con Celia, abordé un avión en Toronto con destino a Santiago de Cuba, mi ciudad natal. Volaba con la documentación requerida, incluyendo el famoso "permiso de entrada" que las autoridades exigen a los cubanos radicados en el exterior. Aterricé en el aeropuerto internacional Antonio Maceo. Desde Inmigración, a través del cristal, vi a mi madre, mi abuelita y a otros familiares que me esperaban fuera con emoción. Al presentar los documentos, un oficial me dijo que no estaban en regla y por eso no podía entrar al país. Sin pensárselo dos veces, aquel 20 de diciembre de 2002, las autoridades cubanas me deportaron en el mismo avión a Canadá.

Al regresar a Toronto visité el Consulado de Cuba y pregunté al cónsul las causas del problema. Me respondió que no las sabía, que sería un "error" del funcionario del aeropuerto. "Pero aprovecho para decirte que estuviste muy desacertado con esa entrevista a Celia Cruz. ¿Qué es eso de decirle que ella produce más azúcar que la industria azucarera cubana?", me reprochó el diplomático. La verdad nunca la supe, pero ya no me interesa indagar más. **Quiero invertir todas mis energías en buscar la cercanía con Dios y el universo.**

Ciudadano del mundo

Hay personas con un inexplicable don para soñar y ver más allá por los demás. Una de ellas es la madre de Betty, mi compañera de estudios en Santiago de Cuba. El día de nuestra graduación, en la Universidad de Oriente, la señora me dijo ante un grupo de personas: "Ismael, te irá muy bien en la vida. Y lo que has venido haciendo desde pequeño, en radio y televisión, es lo que te marca un camino de viajes por muchas partes del mundo. No te quedas aquí, ni siquiera en el país. Te veo en televisión internacional. Pero nos dará mucho orgullo verte en los televisores, aquí en tu ciudad. No sé si será por satélite, no sé… Te veo desde muy lejos, pero estarás muy cerca".

Escribo esto y siento gratitud hacia la vida. Aquel mensaje se me quedó grabado dentro. En el verano de 1992, cuando Cuba ya no contaba con los subsidios de la Unión Soviética y vivía una terrible situación económica, todo sonaba muy irreal. Yo acababa de graduarme y no veía claro mi futuro, ni tenía casi aliento para soñar. Aquella visión de la madre de Betty fue una bocanada de oxígeno, casi una alucinación. En 1992 mi mente aún estaba dominada por los pensamientos limitantes, por las circunstancias de la realidad inmediata. Hoy entiendo cómo funciona el universo y respeto sus leyes espirituales. Puedo aplicar la ley del desapego, la ley de la ofrenda, la ley del karma y muchas otras, como explican los grandes maestros espirituales contemporáneos, entre ellos Deepak Chopra en su libro *Las siete leyes espirituales del éxito*.

Diez años después del sueño de aquella señora, mi madre y mis hermanos comenzaron a verme desde Cuba en el noticiero de CNN en Español. De vez en cuando, visitaban el lobby de un hotel, con la autorización del gerente, pues las señales internacionales solo podían captarse allí y en casas de diplomáticos o de extranjeros. Esta limitación se mantiene actualmente. Un día, al terminar una emisión en la que remplacé a Glenda Umaña, llamé por teléfono a mi madre y sentí que estábamos más cerca, pese a la distancia que nos separaba entre Atlanta y Santiago.

En 1997 visualicé el sueño de trabajar en CNN en Español. Entonces presentaba el talk show *Estaciones* desde un estudio de Radio Rebelde, junto a mi colega Josie Jiménez. Al ver el noticiero en uno de los monitores internos, comenté: "¡Qué cadena tan profesional, qué limpia esa señal!" Era la primera vez que veía el rostro de Patricia Janiot, y recuerdo que dije: "Quiero trabajar con ella". Y Josie contestó: "Te veo allí, Ismael". Hoy, cuando comparto coberturas con Patricia, a quien considero la reina de las noticias y la diva de CNN en Español, digo: *Los sue-ños se hacen realidad.* Mi sueño en CNN comenzó a concretarse a través de un amigo y compañero de estudios. Por eso insisto en la conexión: no logramos hacer nada solos, ni siquiera escri-bir un libro es un acto de soledad. Mientras redacto, sobrevuelan voces e imágenes de las personas que menciono, como parte de una gran historia, de un laberinto de vida aún inconcluso.

En la Universidad de York (Toronto) estudié comunicación social con especialización en periodismo. Hice un diploma en producción de televisión, en Seneca College, donde me pidie-ron 100 horas de pasantía en una cadena de televisión. A través de Hiram Enríquez, con quien me había reencontrado después de 10 años, escogí la posibilidad de llegar a CNN en Español. Hiram propició el acercamiento y, gracias a su gestión, escucha-ron mi propuesta. Luego exploré otras oportunidades de trabajo desde Canadá, donde la cadena no tenía ningún colaborador. Así comenzó a manifestarse el sueño, y el gran momento para brillar fue la primera cobertura que me asignaron: la visita del papa Juan Pablo II a Toronto. Lo demás es historia, y los sueños prosiguen sin detenerse.

Cuando me veo sentado frente a grandes celebridades, aún no me lo creo. Por momentos, me parece que estoy viviendo dentro de mi sueño. En Cuba fui DJ y locutor de radio y tele-visión. Me tocó presentar los últimos éxitos de Paloma San Ba-silio, Franco de Vita, Ricardo Montaner, Laura Pausini, Paulina Rubio, Eros Ramazzotti, Gilberto Santa Rosa, Nicola Di Bari, Nelson Ned, Ricky Martin, entre muchos otros, pero jamás imaginé conocerlos personalmente. Ni mucho menos conver-tirme en amigo de algunos. **Entonces soñaba mucho, pero la realidad ha superado con creces mis anhelos más**

exóticos. Los sueños son nuestra salvaguarda, la puerta a lo desconocido, un pasaporte al mundo maravilloso. Un gran secreto que aprendí en el camino de la vida es que **el éxito no es excluyente ni egocéntrico y se saborea mejor si es compartido**. Los genios casi siempre agradecieron el apoyo y la complicidad de sus colaboradores. **La gente de éxito se potencia y se amplifica a través de otros.** Como ya mencioné en otro momento, somos seres sociales, necesitamos el apoyo y el reconocimiento de los demás.

Muchos conocemos la importancia de contar con una sólida red de conocidos, de personas que nos puedan referir, recomendar, avalar y defender, en caso de necesidad. Pero no siempre nos damos tiempo para priorizar relaciones fuera de nuestro círculo íntimo. Y esto es justamente lo que nos hace crecer, salir de nuestra zona de seguridad y expandirnos. He vivido en cuatro países diferentes: Cuba, Canadá, Estados Unidos y México. También en varias ciudades: Santiago de Cuba, La Habana, Toronto, Miami, México DF, Atlanta, y por temporadas en Madrid. En todas partes descubrí que el proceso de conexión era el mismo, quizás con diferentes tiempos y medidas. Las leyes universales se han replicado, sin importar la cultura o la idiosincrasia. Nos gusta trabajar con gente agradable y confiable, y eso pesa más que el servicio de un extraño, que incluso podría ser de mayor calidad.

Al llegar a Miami, en 2003, uno de mis primeros ejercicios fue conectarme con personas de los medios a las que admiraba, pues consideraba que podrían servirme de guías en un mercado tan diferente. Recuerdo haber enviado mi hoja de vida profesional a cuanto canal de televisión y emisora de radio existía, pero nunca pasaba nada. No recibí ninguna llamada en seis meses. Los nombres de algunos ejecutivos me los facilitó alguien en quien deposité un voto de confianza: Jaime Bayly.

El presentador ha sido por años un personaje al que respeto. Además de su carrera en la televisión internacional, es un prolífico escritor, muy conocido por su estilo irreverente. Yo sentía una curiosidad irresistible por conocerlo. Una mañana le escribí, le dije que era colaborador de CNN en Canadá y que me encantaría escuchar su opinión sobre la televisión hispana en Estados Unidos. Él me respondió, y una noche en la que diluviaba nos encontramos en un restaurante de Key Biscayne. Solo disponíamos de una hora para cenar y charlar, porque él estaba inmerso en la escritura de un nuevo libro. Lo entendí perfectamente y pensé: *Bueno, una hora es mucho tiempo para hablar con un desconocido.*

Llegué a la cena y la conversación discurrió de forma amena, al menos para mí. Nunca tuve la oportunidad de preguntarle qué le pareció. Hablamos de su libro, de mi vida en Canadá, de mi historia y de su visión de la televisión hispana en Estados Unidos. Me habló de Omar Romay, ejecutivo para el que luego trabajé dos años en AmericaTevé Canal 41, en Miami. Verdaderamente, fue muy amable. A la hora señalada, justo 60 minutos después, finalizó la cena. Bayly pagó la cuenta y me dijo: "Ismael, ha sido un gusto, debo regresar a escribir, suerte en todo". A los pocos días, le envíe un correo electrónico dándole las gracias.

A veces soñamos con relacionarnos fuera del entorno inmediato, pero si no lo ponemos en marcha, como una operación militar, el propósito se queda en pompas de jabón. No pienses solo en el dinero, sino en la necesidad de crecer en amigos, aliados y cómplices de tu destino. Nos acostumbramos a vivir con lo suficiente, cuando podemos hacerlo en abundancia. Sobrevivir es estresante para casi todo el mundo. No me refiero solo a lo material, a la obsesión consumista que nos mantiene eternamente insatisfechos. **Disfrutar lo extraordinario es vivir a plenitud, explotar nuestras potencialidades y superar la ley del menor esfuerzo.**

El dinero es uno de mis temas más conflictivos. Crecí sin saber cómo manejarlo. Y, por supuesto, la mentalidad de limitación también la extendí al resto de cosas. Parte del éxito personal que creo haber alcanzado se debe a la elevación de mi umbral de merecimiento, que es el tope que establecemos para lo que valemos o creemos valer. No hay nada de malo en tener más de lo que necesitamos. En política, muchos nos exigen austeridad extrema, pero de ningún modo podemos actuar así con los afectos. Alguien me dijo que un banco solo me prestaría dinero si no lo necesitaba. Y así fue. Cuando más urgido he estado, no he logrado acceder a créditos. Y cuando no lo buscaba, entonces llovían las ofertas.

Dinero llama dinero, éxito convoca éxito, tristeza llama tristeza, y así, infinitamente, la vida multiplicará lo que te sobra y el sentimiento que empoderas. Si de verdad quieres atraer lo que deseas, vive en abundancia, aspira a tener más de lo que necesitas. Así serás como un imán. Convierte tu presencia en una fuerza de atracción irresistible hacia el éxito. Piensa en cómo una abeja no pierde la ruta hacia el panal y no se resiste ante el polen. Así llegarán personas, aliados y recursos a tu vida. No se trata de una ambición negativa. Otra cosa es lo que seas capaz de hacer con los aliados, las influencias y los recursos. Reitero, la energía nuclear no es ni buena ni mala. Sus usos, en cambio, pueden orientarse a favor o en contra de la humanidad. Sucede lo mismo con la abundancia. **So-**

ñar con un propósito es mucho más coherente que hacerlo sin misiones claras. Hay soñadores que van a la deriva,
sin rumbo, pero otros logran realizar sus aspiraciones y tener
aún más impacto del que persiguen.

Calar tus sueños es una forma de decir sí al presente y de
mirar al futuro. El pasado no existe, es solo historia. No soy mis
errores, pero vivo aprendiendo de ellos. **Hoy soy todo sueños. Estos representan la puerta de mi libertad entre
tantas ataduras mundanas y en un mundo dominado
por el ego.** Los sueños basados en el amor y en el ofrecimien-
to a los demás nos revelan el Dios que todos llevamos dentro.

ESCUCHA: DE MI LIBRETA DE APUNTES

1. Cierra los ojos. Respira profundamente y déjate llevar por
las imágenes que te guíen en el camino maravilloso de calar
sueños.

2. No confundamos deseos con sueños, porque los deseos casi
siempre son egoístas. Los sueños llegan para compartir, para
acercarnos a nuestra esencia colectiva como partes del todo.

3. Elabora una lista de tus principales sueños y anhelos. Crea
un plan de acción, teniendo en cuenta los factores que dependen de ti y que podrían acercarte al punto de encuentro con tu
sueño.

4. Busca un mentor, inspírate en una figura de éxito en el
campo de tus sueños. Estudia su vida.

5. Decreta tu sueño y vívelo internamente con la seguridad de que se está concibiendo. Escríbelo.

6. Espera a que se manifieste, ábrete al universo, deja fluir los pensamientos. Y una vez conseguido, cierra el círculo emocional de tu sueño con inagotable gratitud.

~

Capítulo 9

Larry King y Don Francisco: Hablan mis maestros

La vida precisa de modelos y paradigmas. Podemos ser mejores si conseguimos guiarnos por las buenas luces y vibraciones de tanta gente espiritualmente maravillosa. En cada oficio o profesión, en las familias, en los centros de estudios o laborales, e incluso entre perfectos desconocidos, podemos hallar y seguir el hilo de la virtud. Siempre he contado con maestros inspiradores que me han acompañado personal y profesionalmente. Han sido muchos y de muy diverso corte, pero a todos les estoy agradecido. Mientras estuve en Cuba, el presentador Franco Carbón, de Radio Rebelde, fue el espejo en el que me miré durante muchos años. Y al abandonar la isla, ese horizonte se amplió notablemente.

De más está decir que en Cuba tuve escasísimas noticias sobre el famoso Larry King. Quizás alguna leve referencia entre fragmentos y spots, pero nada más. En 1998, cuando llegué a Canadá, lo descubrí en las noches de CNN, con sus característicos tirantes y su colorida forma de vestir. Sus invitados de lujo y la forma de entrevistarlos me causaron un gran impacto. Como recuerda Michel D. Suárez en su libro *Canales de noticias en televisión*, el carismático expresentador de CNN estableció un paradigma imborrable. Hasta diciembre de 2010, *Larry King Live* fue el programa de entrevistas más veterano de CNN, y, por la fecha de su fundación (junio de 1985), era el más antiguo en activo de los canales de información continua. Veinticinco años hablando con la gente. Se dice fácil, pero no lo es.

A Don Francisco lo tuve más asequible. En ello ayudó el idioma y el gran mercado pirata en la Cuba subterránea. En los años 80, con los primeros aparatos de video domésticos llegados a mi país, empezó a circular clandestinamente el programa *Sábado Gigante*. Era un éxito total. De la grisura de nuestra televisión a aquellas escenografías, colores y contenidos, había un trecho enorme. Don Francisco es hoy uno de los personajes más famosos de Cuba, sin haber tenido nunca un programa en la televisión local.

La vida me ha permitido compartir con algunas figuras a las que he admirado desde siempre. Ha sido una bendición conversar y estrechar la mano de mis maestros, y agradecerles cuánto me ayudaron a cambiar mi vida. Sus respuestas tocan los temas más importantes del libro. En parte, porque les pedí que me contaran sus puntos de vista sobre el poder de escuchar; pero, sobre todo, porque son buenos escuchas, personas dialogantes y tolerantes: esta es la condición que les ha acompañado a lo largo de la vida.

Bienvenidos, Larry y Mario. Soy todo oídos.

Larry King: "Hablando yo, nunca aprendí nada"

Hablar con el maestro de las entrevistas fue un sueño largamente esperado. Primero acordamos conversar por teléfono y luego nos encontramos en su residencia de Beverly Hills, California, para ultimar detalles y hacernos las fotos de rigor. Larry me recibió con la amabilidad propia de un gigante. Le conté que la entrevista sería para este libro, mi primera publicación.

–Usted ha sido una fuente de inspiración para mí –le dije al presentarme.

–¡Oh, me alegra! –contestó–. ¡Gracias!

Quise saber cuándo supo que su destino era convertirse en uno de los más grandes entrevistadores de todos los tiempos. Larry no necesitó demasiado tiempo para responder:

–Yo nunca me dije: Voy a ser un gran entrevistador. Pero siempre quise estar en la radiodifusión. Recuerdo que, cuando yo era niño, escuchaba todos los programas de la radio, siempre quise estar en la radio o la televisión.

Larry rememora que, cuando empezó, ni siquiera sabía que sería entrevistador. Trabajaba como disc-jockey en Miami y pensaba hacerse locutor deportivo.

–Empecé a presentar un espacio con los clientes de un restaurante de Miami Beach. Terminaba mi trabajo en la radio e iba allí todas las mañanas. Hacía un programa de una hora y entrevistaba a hombres de negocios y otras personas que entraban. Un día, el gran cantante Bobby Darin llegó al restaurante y lo entrevisté, aunque no estaba preparado. Después vinieron otros famosos, y así arrancó todo. Luego tuve un programa de radio y otro de televisión. Algunas entrevistas me encantaron, me sentía muy cómodo. Me tomó mucha preparación, porque el espacio comenzó sin ningún tipo de producción.

Larry dice que logró sentirse muy cómodo con ese estilo, que sigue siendo el mismo, ya que lo ha trabajado a lo largo de 55 años:

—Tomo algo de información y la almaceno en mi cabeza, no me gusta plantearme o memorizar una entrevista. Ni siquiera sé cómo puedo describir mi estilo. Hago preguntas cortas, no uso la palabra 'yo', porque creo que es irrelevante. Mi opinión no es importante en absoluto. Las opiniones que cuentan son las del invitado. Me encanta lo que hago. Tenemos que amar lo que hacemos, ser curiosos, cada día hay que aprender más. Mi modelo es muy simple: hablando yo, nunca aprendí nada.

Le pregunté si siempre había sido un buen escucha o si desarrolló esta habilidad más tarde. Pensó unos cinco segundos y contestó que siempre lo fue, aunque con el tiempo perfeccionó el estilo:

—Si eres curioso, lo que tienes que ser es buen escucha. Voy a ponerle un ejemplo: cuando yo era niño me encantaba el béisbol. Así que unos cuantos nos íbamos a la caza de los Brooklyn Dodgers. Todos los niños querían autógrafos, pero yo no. Esperaba afuera, y cuando los jugadores salían, me iba corriendo a la calle y les hacía preguntas: ¿Qué pasó en el juego? ¿Qué es lo que quieres? ¿Cómo te sientes acerca de esto?

Con su proverbial y precoz curiosidad, Larry no ocultaba su interés por el juego, pero necesitaba escuchar respuestas, porque estaba allí para aprender.

—Si uno quiere aprender, lo que tiene que hacer es escuchar. Creo que fue una evolución natural. Cualquier buen entrevistador tiene que ser un buen escucha.

—¿Existe un secreto para que la gente se abra y hable de su vida?— volví a la carga.

—La mayor parte de ese secreto no se puede enseñar. Se trata del estilo, y yo lo tengo. Mi estilo utiliza mucho la mirada. Los ojos y el contacto visual son fundamentales. Es obvio que no siempre funciona, con esto de los satélites y las entrevistas por teléfono.

Larry sube el listón con ejemplos potentes:

—¿Qué le dirías a Hitler o a Osama Bin Laden? Tal vez sean las peores personas del mundo, pero lo peor que puedes hacer es preguntarles: ¿Por qué mató usted a todos esos judíos? ¿Por qué llevó a cabo el 9/11? Eso los pondría a la defensiva. Mi enfoque sería totalmente diferente. Yo le preguntaría a Osama Bin Laden: usted fue parte de una de las familias más ricas del Oriente Medio. ¿Por qué eligió vivir así?

El rey de las entrevistas considera que hay que demostrar interés en ellos como personas.

—No estás diciendo que son malvados, no los fustigas, y así logras el objetivo que buscas en la entrevista: comienzan a tener confianza en ti. Eso es todo lo que necesitas. Una vez que hayas establecido la confianza, todo funciona. Frank Sinatra me dijo una vez: "usted hace desaparecer el micrófono, hace desaparecer la cámara". Si puedes hacer eso, no hay nadie que no quiera hablar de lo que hace, porque la gente está orgullosa de lo que hace. Incluso las personas malvadas.

Reitera que el papel principal del entrevistador es aprender, y no entrevistarse así mismo. Y al pasar al espinoso asunto de las conversaciones con políticos, opina que muchos son extremadamente cuidadosos con lo que dicen porque no quieren perder ni un voto.

—Piensan antes de hablar, por eso son los más difíciles. Los políticos, sean de derecha o sean de izquierda, toman muchas precauciones al hablar.

Le pregunto si durante estos años le han pagado por escuchar y por no hablar.

—Efectivamente —dice—. De hecho, en la mayoría de las grabaciones de *Larry King Live*, de otros programas de radio y televisión y del espacio que hago ahora en internet, nueve de cada diez veces el invitado es quien está hablando. Si hablo seis de cada diez veces, entonces no sale un buen programa. Paul Newman me dijo una vez que lo interesante era que el programa se llamaba *Larry King*, y eso significaba que yo iba a estar de vuelta la noche siguiente. Yo soy el gancho para atraer al invitado, pero quiero que él sea la estrella de la noche.

Aun así, el famoso presentador considera que no es el tipo de persona a la que uno quisiera tener de vecino en un avión.

—Me gusta describir cosas. En mi vida personal me gusta opinar mucho. Hablo de política con mis amigos, pero escucho sus respuestas y no me considero el que más sabe, pero tampoco un convidado de piedra. Si quieres ser un triunfador, hay que escuchar bien.

Larry hace una pausa para decirle algo a uno de sus hijos. Luego retoma el diálogo y recuerda un debate, hace años, entre Hubert Humphrey, entonces senador de EEUU, antes de ser vicepresidente, y Edward Annis, presidente de la Asociación Médica Americana. Los dos polemizaban entonces sobre el plan Medicare, que estaba pendiente de aprobación en el Senado. Annis estaba en contra y Humphrey a favor.

—Los tuve dos horas en televisión —cuenta Larry—. Fue un debate estimulante.

Después de la entrevista nos fuimos a cenar y descubrí que ambos habían tenido debates aún más enconados en la universidad. Y me dije: *el secreto del buen debate es conocer al otro, así nunca te puede sorprender.* Durante la cena, cada uno tomó el lugar del otro. Humphrey contra Medicare y Annis a favor. Este otro debate fue tan bueno como el programa de televisión. ¿Por qué? Porque sabían del otro, y para conocer al otro hay que saber escuchar.

Como otras voces en este libro, Larry opina que la conversación cara a cara está desapareciendo por el abuso de los artilugios y de la tecnología.

—Esa es la parte triste de todo esto —reconoce—. Por ejemplo, no me gustan los mensajes de texto. Yo hablo y escucho, pero no me gustan los SMS. El desarrollo actual de la tecnología es muy bueno, pero todo lo bueno siempre tiene un lado malo. Ahora mucha información discurre a través de las máquinas. Los niños son muy rápidos con las máquinas, pero las máquinas son objetos impersonales. Hay falta de escucha, de contacto interpersonal. La gente se envía mensajes de texto hasta estando en la misma habitación. Es una locura.

Me cuenta que la entrevista más sorprendente de su carrera se la hizo a Nelson Mandela.

—Me enseñó cómo el amor puede sobreponerse al odio. Él fue capaz de entender a las personas que lo tenían cautivo, y de no juzgarlos. Me impresionó mucho. Me parecía casi increíble que alguien pudiera ser tan virtuoso, que perdonara hasta en esas circunstancias.

Recuerda que Frank Sinatra le decía que siempre estaba nervioso al salir al escenario, y establece un paralelismo:

—Cuando trabajas como entrevistador, te sorprendes todo el tiempo.

Entre todos los dirigentes, líderes mundiales y celebridades a los que ha entrevistado considera que, por ejemplo, Bill Clinton es un gran oyente.

—Se centra en lo que dice, te mira a los ojos y escucha exactamente lo que le estás diciendo, y lo absorbe. Da gusto hablarle, porque sabes que te está escuchando. No importa si eres demócrata o republicano, se puede apreciar que el hombre escucha.

Le pregunto qué pueden hacer los padres para promover la escucha. Larry admite que hoy en día esto es muy difícil.

—La sociedad es más dura, debido a toda la tecnología. Yo hablo con mis hijos sobre el tema. Los niños son curiosos por naturaleza, son como la fuente de la curiosidad. Trato de dar el ejemplo, me miran y saben que yo hago muchas preguntas. En la casa está claro el concepto de interrogatorio: ¿Qué has hecho hoy? ¿Cómo estuvo la escuela? Yo siempre espero una respuesta. Puedo promover lo que quiero, pero no sé cómo enseñarlo.

Larry King confía en el instinto. Para él, tenerlo es saber hacer lo correcto en el momento adecuado.

—Nunca me avergüenzo cuando estoy al aire —dice—. Soy un profesional. Amo mi trabajo y la industria del entretenimiento. Por supuesto, puedo cometer errores, pero nunca a sabiendas. Pienso que hay una voz interior pero siempre trato de romper las reglas. En el estudio de radio había una frase que decía: "en caso de duda, no lo digas". Nunca presto atención a eso. Nunca pienso si voy a hacer una buena pregunta o lo que el público opina de mí. Yo me voy con el momento. Confío en el momento. Confío en mis instintos. Mis instintos de vida no siempre son los mejores, no siempre elijo el mejor estado de ánimo o la mejor compañía, pero el instinto de difusión es mi mejor aliado en la vida.

La estrella admite que nunca agradece comentarios sobre su aspecto físico.

—Eso es estúpido —asegura—. Pero si alguien me critica en cuanto al contenido, yo lo leo y lo agradezco. No cambio las cosas, no me vuelvo loco.

En su casa tiene una sala de trofeos, de premios a la excelencia, que me enseñó cuando fui a visitarle. Allí invocó otra vez a Sinatra:

—Me dijo algo que es muy cierto. Hay mucho que decir acerca de la longevidad si usted ha estado en el ojo público durante largo tiempo. No tiene sentido hablar mal, por ejemplo, de Elvis Presley, Los Beatles o de alguien que ha estado al aire durante 50 años. Va a ser muy difícil noquearlos. A alguien le tuviste que haber gustado, algo tienes que haber hecho bien, algo hiciste bien. Yo sé que no soy un flash que desaparece.

En la víspera del día de Acción de Gracias de 2012, cuando lo visité en Beverly Hills, su decoradora estaba poniendo a punto la decoración navideña. El propio Larry abrió la puerta y me recibió en la sala, aunque esta vez sin sus característicos tirantes. Fotos, abrazos y una última pregunta para el genio que mantuvo durante 25 años el mejor programa de entrevistas de la televisión:

—¿Cómo fue que los tirantes se convirtieron en su marca registrada? —pregunté.

El maestro respondió:

—Me los probé después de mi cirugía de corazón. La gente llamó y dijeron que les gustaban. Dicen que dan un buen aspecto y es algo refrescante. Son una especie de marca registrada, como dices, y funcionan muy bien. Tengo más de un centenar, algunos enviados por mis espectadores.

Don Francisco: "Lo importante es el interés genuino"

Mi conversación con Mario Kreutzberger (Don Francisco) fue una de las más especiales en mucho tiempo, tanto por la duración como por las locaciones. Comenzó en un restaurante cubano de Miami y se prolongó más de dos horas muy agradables en un centro comercial. Mario me pidió que lo acompañara a comprarse una camisa. Como buen sastre, siempre sabe qué ropa necesita, así que nos fuimos a la tienda de su preferencia. Él decidió ir de incógnito, con gorra y gafas oscuras y, entre saludos y elogios de sus simpatizantes, a lo largo de todo el recorrido, hablamos de lo humano y lo divino. Fue una experiencia irrepetible.

En una de las paradas le pregunté de dónde nacía su curiosidad por escuchar a la gente y sacar lo mejor de sus historias. Se quitó las gafas, me miró a los ojos y dijo:

—Creo que nació conmigo. Esto viene desde niño. Todo me llamaba la atención.

Mario vivía entonces a los pies de la cordillera de los Andes. Alguien le dijo, cuando era muy joven, que al otro lado estaba Argentina. Entonces subió el primer cerro, justo detrás de su casa, pero se llevó una gran decepción cuando vio que había otro:

—¡Y lo subí! –dice–. Y había un tercero, y tuve que volver por la noche. La primera vez que fui a Argentina, a los 16 años, me di cuenta que aquello era una cadena inmensa de cerros. Siempre tuve mucha curiosidad.

Para Mario, el secreto para que la gente se abra en la conversación es mostrar interés:

—Creo que con el tiempo, la curiosidad se va transformando

en una manera, en una técnica involuntaria. Y para eso, lo primero que hay que tener es un interés genuino.

Sobre las conversaciones con políticos considera que una buena entrevista es la que hace perder el control al entrevistado.

—No porque yo lo saque de casillas, sino porque se siente tan cómodo y tan a gusto que se olvida de que lo están entrevistando.

Mario saca entonces los puños y simula un combate:

—Es igual que en el boxeo. ¿Tú eres aficionado al boxeo?

—No mucho —contesté.

—Cuando un boxeador siente que toca al otro —Mario prosigue con el símil— sigue golpeándolo hasta agotarlo. Quiere encontrar el punto débil del contrario, porque no todos son iguales. Unos lo tienen en la pera, en el estómago, a otros hay que sacarles el aire con muchos golpes. Hay muchas maneras. Con el entrevistado es lo mismo. ¿Cuál es el punto débil? Casi siempre es la vida misma. Llevar a la persona hacia su infancia.

Ni corto ni perezoso, acepto la recomendación y enrumbo el tema hacia la vida de Don Francisco, que es como decir dos vidas en una: el hombre y el personaje público. Mario ha cumplido 50 años en *Sábado Gigante*, el mismo tiempo de su matrimonio.

—Sí, empezamos juntos —asevera—. Al libro que escribí podía haberle puesto "Bigamia", porque en realidad he repartido mi amor entre mi señora y la televisión. Más que eso, he repartido el amor de mi familia con el amor por la comunicación. Pero aquí estamos.

Un día, mientras manejaba su automóvil, pensó: "¿Qué es lo importante en la vida?" Me contó la respuesta a sus indagaciones:

—Lo importante es que la vida no te pase por al lado, si no que tú pases por el centro de ella. Creo que sí, que hice eso, bien y mal, con éxitos y derrotas, con fallas y aciertos, pero por el medio de la vida.

Cuenta que el momento más emotivo de la celebración por los cincuenta años de *Sábado Gigante* fue cuando homenajeó a su esposa Temy, que pocas veces ha aceptado aparecer en público. Sin embargo, Mario asegura que Temy nunca se ha desentendido de su trabajo:

—Ha sido como mi bibliotecaria. Guarda todas las críticas de los diarios, a favor y en contra, todos los premios que he recibido. Ella mira los programas y los critica. Nunca se desentendió, y eso nos hizo caminar juntos durante estos cincuenta años.

Por supuesto, no todo ha sido color rosa.

—¿En cuál de los dos matrimonios hubo más crisis? —le pregunto—. ¿Cuál fue más difícil mantener a flote?

Mario responde sin pensarlo dos veces, acomodándose la gorra:

—En los dos hubo crisis. La diferencia está en que mis patrones, o los que dirigían mis programas de televisión, no dormían conmigo. Mi señora ha estado dos mil seiscientas semanas conmigo, mirando, y también discutiendo, porque hemos tenido crisis matrimoniales como todos. Ha estado a mi lado en casi doce mil horas de televisión. A todo eso se suman las dificultades, porque estaba la familia, los hijos y los nietos. Ella hizo algo en lo que otras personas tuvieron menos que ver: me levantaba cuando me deprimía y me bajaba cuando me veía muy arriba.

En sus memorias hay anécdotas dramáticas sobre la niñez:

—A lo mejor yo estaba destinado a nacer en otra parte, pero nací en el sur del mundo. Ahí me formé, me desarrollé. Mis padres eran judíos alemanes que huyeron durante la Segunda Guerra Mundial. No era fácil que mis compañeros entendieran que mis padres no hablaban bien el castellano. Fue una vida en la que tuve que luchar por sobresalir, por poder conseguir mis metas. Creo que es muy importante fijarse metas. Yo siempre lo hice.

Una vez, cuando tenía 14 años, le dieron una paliza a la salida del Liceo. Se asustó mucho, pues eran unos nueve muchachos mayores que él. Durante varios días se ausentó del colegio, pero el rector le convenció de que volviera.

—Me aseguró que no volvería a ocurrir, pero también me dijo que yo tenía que sobreponerme. Y me sobrepuse. Entonces cambié mi personalidad e hice gala de algunos de mis atributos personales: sabía boxear.

En cuanto al ego, tan presente en la televisión y los medios, es conclusivo: "Sin ego no se puede hacer este trabajo". El presentador admite que no sabe si lo ha manejado bien, pues su carrera empezó muy despacio. Fue muy difícil, tuvo a la crítica en contra durante una década.

—Comencé en una cadena de televisión muy pequeña y la popularidad fue creciendo paso a paso. Para mí ha sido mucho más fácil que para aquel que pega con un disco, por ejemplo, se hace mundialmente famoso y después no pega con el segundo. Yo me fui acostumbrando.

Eso sí, ante tantos vaivenes hacia arriba y hacia abajo, Mario se fue dando cuenta de que el éxito y la derrota son calles vecinas.

—Por lo tanto —apunta—, nunca me sentí tan exitoso ni tampoco tan derrotado.

Al hoy rey de las pantallas le resultó muy difícil entrar al Canal 13 de Chile. Cuando todavía no cumplía los 22, intentó conseguir una oportunidad durante un año.

—Era bastante difícil. Yo sostenía que sabía más televisión que todos los demás, porque había estudiado en Estados Unidos desde 1959 a 1961.

El joven Mario había ido a Nueva York para recibir el título de modelista, es decir, de diseñador de ropa para hombre. Cuando volvió a Chile se encontró con que había llegado la televisión. La historia de su primer encuentro con la tele es fascinante. La vio por primera vez en un modesto hotel de la calle 32, cerca de Broadway:

—Ahí confundí el televisor con una radio Grundig. Cuando lo puse, vi que se encendió el vidrio y que la radio se veía y se escuchaba. Para mí eso fue una cosa fantástica, e inmediatamente pensé: mi padre, que en paz descanse, está equivocado, me manda a estudiar algo que es el ayer; el hoy es esta radio que se ve y se escucha.

Toda una leyenda en Estados Unidos y América Latina, Mario también ha mostrado su fuerte compromiso social. En su país natal, en Haití y donde quiera que se le ha necesitado para unir gentes, ahí ha estado. Durante más de 30 años ha liderado el Teletón en Chile, donde ha ayudado a recolectar cerca de 46 millones de dólares. Con ese dinero se han construido diez hospitales —cuatro están en fase de edificación— y se han atendido 80 mil niños discapacitados. Mario considera que el Teletón ha unido a Chile. Y más que eso: ha creado una conciencia nacional con respecto a la discapacidad. Hoy, 16 países de América Latina hacen su propio Teletón.

Durante medio siglo ha podido entrevistar a muchos presidentes, ha recorrido el mundo con su cámara viajera y ha hablado con gente común, difundiendo historias verdaderamente reveladoras.

—He grabado en 152 países la cámara viajera y he tenido la oportunidad de entrevistar a personas muy diferentes. En un momento alguien calculó que habré entrevistado a más de 80 mil personas, desde el más humilde labriego hasta la autoridad más importante.

Entre ellos figuran los presidentes Bill Clinton, George Bush y Barack Obama, mandatarios de Latinoamérica, estrellas de Hollywood y deportistas, desde Pelé hasta Maradona.

—O sea, he tenido grandes oportunidades de conversar con mucha gente.

Don Francisco toma aire, aprovecha para mitigar la sed y se quita brevemente las gafas. Esto origina una nueva avalancha de gente a su alrededor. Caminamos y hablamos, pero siempre saca tiempo para saludar a sus fans. Incluso con gafas y gorra, ¿quién no conoce a la estrella en un centro comercial repleto por el Día de Acción de Gracias?

—A mí me gustaría morir en el escenario —me dice—. Esto es lo que más me gusta hacer, es lo que mejor me ha resultado en la vida. Quisiera aportar el máximo de capacidad y conocimiento al arte de entretener a los espectadores. Pero depende de muchos factores y hay que fijarse metas. Yo me siento en la plenitud de mis facultades. Quiero planificarme, según como estén la salud, la capacidad intelectual, la capacidad de interpretar a las nuevas generaciones y de crear cosas nuevas, de tener suficiente creatividad para estar con los tiempos. Y comentar en Facebook, en Twitter. Yo también estoy en las redes sociales.

Como nuestro diálogo se produjo en un gran centro comercial, con pausas para almorzar, caminar y comprar, parecía inevitable hablar del dinero. Cuando abandonamos una de las tiendas le pregunté qué tipo de libertades da realmente el dinero. Su respuesta fue contundente:

—El dinero no hace la felicidad, no la puede hacer, ni siquiera te diría que ayuda. En algunos casos, te saca de apuros, pero ni tú ni yo hacemos esto por dinero, sino por vocación. Ahora, si además podemos ganar dinero por nuestra vocación, bienvenido sea. Y muy bienvenido, porque al final el dinero es como un trofeo, es parte del éxito. Uno también le da éxito a la compañía para la que trabaja. Creo que es un todo.

Mario considera, y le creo, que lo más importante es lo que somos, lo que sentimos internamente, con dinero o sin él.

—Solo importa si te sientes bien con lo que has hecho en la vida. Y, si tienes cosas pendientes, hazlas, porque finalmente solo tú te conoces a ti mismo, te haces tu propia radiografía cuando pones la cabeza en la almohada, antes de dormir y cuando despiertas.

Escuchar a estos gigantes de la comunicación fue un deleite para mis oídos y una oportunidad de seguir aprendiendo de su ejemplo. Ellos resumen mi frase-firma de *Cala* en CNN en Español: "El secreto del buen hablar es saber escuchar". Ahora soy yo el que quiere escucharte. Escríbeme y háblame a través de ismael@calapresenta.com. ¡Soy todo oídos!

Conclusiones

~

¿Somos líderes?

Si alguien con déficit de atención y una herencia genética de problemas y retos mentales logra ejercitar conscientemente el poder de escuchar y ser feliz, tú puedes lograrlo. Ese alguien soy yo. Entre esta herencia y las circunstancias de mi infancia, crecí con una capacidad de atención demasiado selectiva, con pocos intervalos de concentración y demasiadas voces distractoras en mi mente. Sin embargo, este libro no es sólo una confesión y una catarsis, sino un ideario adquirido y desarrollado contra todos los pronósticos. Hoy soy un escucha con práctica profesional. Escuchar se ha convertido en mi carrera y en mi pasión, en mi reto más importante.

Una mente feliz

El escritor estadounidense William Arthur Ward (1921-94) resume toda una filosofía de vida cuando afirma que ante una roca, uno tiene diversas opciones: puede arrojarla, quejarse de ella, tropezar con ella, escalarla o construir algo con ella. Es una imagen simple, pero perfecta, de lo que un ser humano puede hacer con la misma materia o energía: todo depende de nosotros. Muchas veces, desisto de continuar una conversación cuando alguien expresa falta de apertura para dialogar. El típico pretexto de "así soy" es la constatación de que nada cambiará, porque así lo ves, lo decretas y lo sientes. Eso no significa que tu cerebro no admita el cambio, la reprogramación. El ego, principal enemigo del ser, no lo permite, y contamina así nuestra conexión con el universo. **El ego nos desconecta de los demás.**

En mi caso, desde los 14 años me lancé a una cruzada para estudiar mi cerebro e intentar descubrir por qué no era feliz, sano y positivo. Incluso actualmente dedico algunos minutos del día para responder una pregunta: ¿Cómo puedo conseguir más felicidad? Por felicidad entiendo el control sano de la mente, y no el mero disfrute de momentos felices. No está mal que nos den una grata sorpresa, que nos asciendan en el trabajo o que estemos enamorados. Son momentos de euforia y alegría, pero **ser felices es mucho más. Es una actitud ante la vida, una manera de recibir y despedir cada día.**

Para convertirnos en mejores escuchas, conscientes, abiertos y compasivos, hay que proponérselo como una misión. Antes de ir a dormir, no olvides borrar los mensajes de voz almacenados en tu mente, igual que cuando borras los del teléfono si llega a su máxima capacidad. **Medita antes de dormir, trae** tu mente al presente y di: "**Hora de borrar. Me acuesto con una mente limpia que se inspira en un nuevo amanecer**". Cuando nos quedamos con asuntos pendientes, las voces limitantes elevan el nivel de ansiedad, el estrés se hace dueño de nuestras emociones y la vida deja de ser divertida para convertirse en una agonía.

Camino al liderazgo

Convertirnos en líderes de nuestra vida nos permite descubrir quiénes somos. Este proceso redefine nuestro camino, o lo reafirma, si ya estamos en el correcto. Hay muchos ejemplos de grandes líderes mundiales que conscientemente encontraron esa conexión, por ejemplo Nelson Mandela y Mahatma Ghandi. Deepak Chopra me ayudó a entender que no hay nada malo en querer ser líder, una palabra que no tiene por qué estar relacionada con la ambición, la avaricia, la sed de poder y el dominio. Viniendo de Cuba esto me resultaba difícil de entender, porque en mi juventud solo relacionaba el liderazgo con la política.

En la universidad, fui Secretario de Cultura y luego dirigente estudiantil en la Facultad de Artes y Letras. Crecí pensando que un líder era alguien que aceptaba un cargo público. De ahí que al salir de Cuba, me costara trabajo reconciliarme con el término. Cuando renuncié a todos los preconceptos y los desligué de la política, entendí que en muchas etapas he sido líder sin proponérmelo. Solo por el hecho de intentar hacer siempre lo mejor y ser consecuente con mis propósitos, tratando de interpretar el sentir de muchos otros.

Los líderes auténticos no son semidioses, sino personas que

no siguen a la manada, con el perdón del que pueda sentirse ofendido. Por el contrario, lideran a la manada y tienen el potencial de transformar los destinos de un grupo o una comunidad. Los grandes líderes son capaces de ejecutar sus visiones y llevarlas a la práctica como un plan maestro. Todos podemos convertirnos en líderes, en cualquier ámbito: **el liderazgo no es un don que se hereda sino que se desarrolla.** En otras épocas, era un papel reservado a ciertas personas: el patriarca y la matriarca en la familia; el sacerdote y el pastor entre sus feligreses; el maestro frente a sus alumnos; el empresario con sus empleados, y por supuesto, los políticos con las masas. Sin embargo, el concepto tradicional de liderazgo ha cambiado por la democratización de las comunicaciones. Instrumentos como YouTube, Facebook, Twitter y otras redes sociales permiten expresar fácilmente las ideas, darlas a conocer y ser líderes globales desde nuestros teléfonos móviles.

Las revoluciones de la primavera árabe se iniciaron con la acción de líderes jóvenes que utilizaron las redes sociales para despertar la conciencia adormecida frente a regímenes que reprimían la voz individual. Así ocurrió en Túnez, Egipto, Libia y Siria. En España se produjo además el movimiento de los indignados, que luego se replicó en Estados Unidos con el título de Ocuppy Wall Street.

Busca la verdad en tu alma

Leyendo *El alma del liderazgo*, el libro de Deepak Chopra, comprendí que **convertirse en líder no es imponerse ante el grupo, sino ser su voz, su alma.** Es un proceso que ocurre de manera espontánea, mientras vamos dando dirección y propósito a nuestra vida. Las personas nos damos cuenta cuando otras tienen éxito e irradian buenas energías. Entonces, comenzamos a buscar su guía y orientación. Dice Deepak Chopra que cada persona tiene el potencial de convertirse en un líder motivado e inspirado. No se trata solo de los líderes dedicados al servicio público en la política, sino también de los que ejercen su magia en cualquier ambiente: la casa, el trabajo, la comunidad. Tampoco somos líderes por acumular miles o millones de seguidores en Twitter. El asunto trasciende los números. Si nos miramos por dentro y desarrollamos una vida espiritual, si apelamos a la sabiduría universal, nos convertiremos en líderes sin necesidad de reclutar seguidores. Ellos irán sumándose a nuestra guía.

Estoy de acuerdo con usted, Mr. Chopra: **El liderazgo verdadero no surge de la necesidad de alimentar el ego, sino de satisfacer un propósito de servicio y comunicación con los demás,** de hacer siempre lo mejor, de caminar con sabiduría la ruta de nuestras vidas. Cada persona brillará por cualidades diferentes. Hay quienes serán líderes en la familia, otros en el trabajo, en sus comunidades espirituales, en el deporte, en las artes, en la ciencia y en la política. Ojalá nos gobiernen más líderes inspirados por el alma, y no aquellos que solo buscan inmortalizar su ego. Ya hemos tenido suficientes ejemplos en la historia de la humanidad.

¡El líder escucha!

Entrevistar a gente exitosa me ha permitido hablar con conocimiento sobre el liderazgo. De ellos he aprendido mucho, les debo una parte de lo que hoy sigo alcanzando. Cada una de estas conversaciones me ha deparado beneficios: escucho, aprendo, valoro lo que me cuentan. He entrevistado a líderes de muchos universos. Por ejemplo, Roberto Kriete, CEO de la aerolínea TACA, continuador del legado de su abuelo en El Salvador, es un verdadero visionario. ¿El secreto? Ha escuchado su llamado en la vida, sabe escuchar a quienes le rodean y lidera un proyecto con respeto merecido. Como mencioné antes, también conversé con Michelle Bachelet, la expresidenta chilena. Con ella aprendí en qué consiste ser un auténtico líder político, que se dedica al servicio público, escucha las peticiones de los ciudadanos y gobierna de forma conciliadora. En la entrevista, me demostró cuánto disfruta sirviendo a los demás y cuánto recibe por lo que da.

Un líder verdadero sabe escuchar. Es una de sus mayores virtudes: escuchar a la gente, a los asesores, a los detractores, a los aduladores y a los críticos. **Escuchar redefine lo que conseguimos con la vista y el oído.** Redondea la unidad sensorial que se alcanza al observar, analizar, evaluar y proyectar. Es difícil desarrollar el proceso de escucha sin prejuicios. Debemos conseguir el estado más limpio posible para poder colocarnos en el lugar de otro, sin juzgar, ni temer ni desconfiar. No condeno dichas actitudes, que a menudo tienen origen en la infancia. A los niños se les dice: "No hables con extraños, cuidado con la gente que te ofrece cosas en la calle, desconfía de quien se acerque demasiado". Son preocupaciones normales de los padres, en su papel de guardianes ante las amenazas de la sociedad. Sin embargo, ese miedo, ese temor, va sembrándose en el subconsciente.

En la adolescencia, la presión del grupo también nos condiciona. Así asumimos los códigos de una determinada comunidad de intereses. ¿Cuántas veces nos dijeron "no" en la infancia? ¿Cuántas en la vida de adultos? La realidad es que podemos trabajar nuestras aptitudes de liderazgo, reprimidas en otro momento. Ya no importa cuándo, es solo parte del pasado. **Un líder verdadero acepta a los demás sin resultados anticipados.** Cuando amamos sin condiciones, lo hacemos desde el corazón, con inteligencia emocional, para conectarnos con la sabiduría universal. Así anulamos cualquier posibilidad de duda limitante y desterramos el miedo. Ese es el amor de un líder.

Un caso muy especial es el de la Madre Teresa de Calcuta, un personaje admirable que me habría gustado conocer. Era una auténtica líder, desde cualquier punto de vista, y su ejemplo es digno de imitación, a la hora de buscar las virtudes en lo más profundo del alma. Por su trabajo anónimo en los barrios marginales de Calcuta se convirtió en una celebridad mundial. En su última entrevista, con la revista brasileña *Sem Fronteras*, contestó sobre la fama adquirida y la capacidad de liderazgo mundial:

Pregunta: Usted es una persona muy conocida. ¿No se cansa nunca de ver a tanta gente, de que le hagan tantas fotografías?

Teresa de Calcuta: Considero que es un sacrificio, pero también una bendición para la sociedad. Dios y yo hemos hecho un pacto: le he dicho, por cada foto que me hacen, Tú encárgate de liberar a un alma del Purgatorio… (Entre sonrisas, añade): Creo que a este ritmo, dentro de poco se va a vaciar el Purgatorio.

Si buscamos un ejemplo de líder, veamos la devoción con que la Madre Teresa representó la pasión de Cristo para ayudar al ser humano. Fundó las Misioneras de la Caridad y hoy vive en la historia como testimonio del amor y la esperanza. Como apuntó la prensa católica tras su muerte, ella nos enseñó que la mayor pobreza no estaba en los arrabales de Calcuta, sino en los países más ricos cuando falta el amor. La Madre Teresa abordó el tema de la pobreza espiritual, algo que no deberíamos olvidar nunca. A veces siento que mi propósito en la vida es comunicarme directamente con otras personas y compartir la inquietud y el camino hacia la sabiduría universal. De hecho, hago radio y televisión con la condición de que mis proyectos contribuyan con ese objetivo. El líder que todos llevamos dentro debe ser como Teresa de Calcuta, un patrón de amor, conciencia, acción y responsabilidad con el prójimo.

Secretos a voces (no escuchados)

Según Dale Carnegie, es mucho más fácil interesarnos por otros que convencer a otros de que se interesen en nosotros. Esta frase resume la esencia de la escucha inteligente. Como digo cada noche en mi programa: **"El secreto del buen hablar es saber escuchar"**. Podemos sostener una conversación provechosa con cualquier persona, incluso con desconocidos. **Domestiquemos la mente, convirtámonos en seres irresistibles para los demás.** Embarquémonos en el fascinante viaje de conversar por placer, por el arte de intercambiar ideas y experiencias humanas.

Cuando concluyo una entrevista política aparentemente tensa, con temas escabrosos, muchos se me acercan para saber más. Me preguntan cómo lo hice, cómo logré que el invitado no abandonara la conversación, si evidentemente se mostraba incómodo. La respuesta siempre es: en el diálogo hay una magia dictada por el respeto, la dramaturgia entre las emociones, el arte de escuchar, y el modo en que *se aprieta y se suelta*. O sea, el problema se decide en la alternancia de los temas y las preguntas.

En mi segunda entrevista con el expresidente de Colombia, Álvaro Uribe, pensé en algún momento que se levantaría de la silla. Uribe ha sido, en las dos ocasiones, un gentil caballero. Pero, la última vez, la conversación se convirtió en un campo de batalla. De hecho, el periodista Jorge Ramos me recordó que en muchas entrevistas se produce una guerra —como decía la italiana Oriana Fallaci—, en la que unas veces gana el entrevistado, y otras, el entrevistador. Algunos colegas me felicitaron por los temas, pero, sobre todo, por el manejo del invitado. Por hablar de todo, sin que el expresidente abandonara el estudio. Agradecí mucho sus comentarios, pues ellos han vivido grandes experiencias como profesionales del medio y les admiro.

El éxito de mis entrevistas es que no están concebidas como tales, sino como conversaciones. En el género de la entrevista siempre hay una razón y una agenda premeditadas. Yo no prescindo de ellas, pero intento que fluyan de modo orgánico, no como un cuestionario rígido. Por política personal y de CNN, jamás anticipo las preguntas a los invitados. Planificar la entrevista como una guerra quizás ayudaría a estudiar posibles escenarios, pero la batalla no me permitiría trabajar con las premisas indispensables: empatía, ponerme en el lugar de otro, crear una buena impresión para que el entrevistado no se sienta interrogado sino escuchado. En una conversación, las personas deben sentirse en igualdad de condiciones, mientras que en una entrevista, a veces, el entrevistador cree tener ventaja porque interroga.

La noche y el amanecer

Termino éste, mi primer libro, con la esperanza de haber puesto un granito de arena en tu fortaleza espiritual, para que mejore tu relación con los demás y con el universo. Mi vida, como la de muchos, no ha sido fácil. En 44 años he pasado por circunstancias muy difíciles, pero, después de la noche más oscura, siempre vino el amanecer. No como simple lógica de los hechos, no como cambio fortuito, sino de la mano de una compleja transformación mental. El fortalecimiento espiritual ha sido básico en mi plan de vida. De otro modo nunca hubiera salido de los atolladeros y de las trampas. Profesionalmente, recuerdo tres momentos clave en los que mi fortaleza se puso a prueba. Me gustaría exponerlos a modo de cierre para que entiendas cómo he logrado sobreponerme y salir adelante, incluso ante eventos evidentemente insatisfactorios.

Con solo 16 años viví mi primer encontronazo con el fundamentalismo político. En 1985, el Gobierno de Estados Unidos lanzó la emisora Radio Martí, con el objetivo de que se escuchara dentro de Cuba. La campaña oficial del Gobierno cubano fue intensa. Todo el día la radio hablaba del tema, en duros términos de condena. Incluso hubo mítines políticos en las escuelas y centros de trabajo. El ambiente anti-Radio Martí era total en círculos oficialistas. El tema estaba tan presente en nuestras vidas que un día dije, al presentar a una colega en mi programa *Superestelar*: "Damos las buenas noches a Mercy Cordiés desde la emisora hermana Radio Martí". En realidad debí decir Radio Mambí, nombre de una estación local de Santiago de Cuba, pero confundí un par de letras. El lapsus provocó un terremoto político. Me convocaron a la dirección para sancionarme con la suspensión indefinida de la radio. Nunca más podría hablar delante de un micrófono.

Pensé que era el fin de mi carrera, en un país donde la prohibición de trabajar en un medio determinado se extendía automáticamente a todos los demás. Fue una época verdaderamente dura. Mi madre se movilizó y sostuvo reuniones en el Partido Comunista hasta lograr que la "condena" fuera rebajada a seis meses. Mi regreso fue como esperaba, pues la audiencia, lejos de olvidarme, respondió muy generosamente. Aunque, tengo que admitirlo, siempre tuve miedo de volverme a equivocar.

Once años después, la historia volvería a repetirse, aunque en otros términos. Una noche presentaba la tercera emisión del Noticiero Nacional de Televisión (NTV), cuando, involuntariamente, mencioné al vicepresidente Carlos Lage como "presidente" del país. Entonces aún gobernaba Fidel Castro. Michel D. Suárez, que fortuitamente estaba en el estudio, detrás del cristal, fue testigo del alboroto. Medio minuto después entraron varias llamadas desde la presidencia del Instituto Cubano de Radio y Televisión y el Comité Central del Partido Comunista. "¿Qué dijo? ¿Dijo que Lage es el presidente del país?", preguntaban aterrados todos los funcionarios. Ni cuenta me di del error, y seguí leyendo la noticia frente a cámara. Al finalizar, me convocaron a un nuevo análisis… y otra vez vino la suspensión. Ahora menos traumática, porque, en definitiva, yo solo era un locutor suplente.

Perdí esa oportunidad, pero vinieron otras. Nuevos programas de cobertura nacional, aunque con menos peligros y conflictos que el noticiario oficial. Al mismo tiempo lancé *Estaciones*, el primer *talk show* de la radio cubana, que salía al aire en la emisora nacional Radio Rebelde. Cada noche abordábamos un tema diferente con los micrófonos abiertos al público, aunque esto último estaba terminantemente prohibido por el Gobierno. La orden era que todo debía ser grabado. Un día hablamos sobre el alcoholismo y dimos paso a una señora que contó el triste caso de su marido. Después de hacer toda la historia, reveló que su esposo era un importante general de las Fuerzas Armadas. Nosotros deseamos que el problema se abordara de la mejor manera posible, sin escándalos, pues el alcoholismo podía afectar a cualquiera.

Tuvimos la mala suerte de que estaban monitoreándonos desde el Comité Central del Partido Comunista. Al día siguiente me llamaron a la dirección de la emisora. El jefe de entonces, hoy exiliado en Miami, me dijo que una de las sillas, la suya o la mía, estaba en juego, y la suya no iba a ser. Me informó que debía abandonar una de mis responsabilidades en el programa. No podía seguir siendo el director y el presentador, al mismo tiempo. Me dio un mes de vacaciones obligadas para que me lo pensara, pero no necesité tanto tiempo para adoptar la decisión. Le dije que de ningún modo seguiría en el programa. Y así terminó mi etapa en *Estaciones*, con el dogma de que nuestros gloriosos generales no podían ser alcohólicos.

Salirse de la manada implica riesgos. Nunca se me pasó por la cabeza ser un *kamikaze* ni un mártir. Solo hice lo que entendí en cada situación de la vida, y luego asumí las consecuencias. Cada uno de estos actos, con sus causas y derivaciones, contribuyó a hacerme más fuerte, a ir sorteando los escollos del camino hasta encontrar el rumbo. Un Ismael hecho a contrapelo, fraguado entre golpes y zancadillas. Un Ismael que no es héroe de nada. Simplemente un luchador, un escucha.

ESCUCHA: DE MI LIBRETA DE APUNTES

1. El poder de escuchar comienza con el poder de sonreír. Una sonrisa es el arma más poderosa para crear una primera buena impresión en la otra persona.

2. ¡Escuchemos! Hablemos mientras escuchamos con nuestra mirada. El contacto visual es muy importante para que las personas nos sintamos atendidas, valoradas, tomadas en cuenta. Al cabo de dos años consagrados a hacer entrevistas todos los días, puedo asegurar que la parte más importante de cualquier conversación es escuchar. Ahí se decide la calidad de lo que se habla, y el disfrute o el compromiso emocional que se produce entre los implicados. Una conversación no se trata de cuánto se habla o cómo se habla. Si ese fuera el caso, no cristalizaría en algo memorable, porque el interlocutor estaría demasiado preocupado por la próxima pregunta. La conversación tampoco es un juego de espadas, donde cada cual espera el turno o aprovecha la oportunidad para dar una estocada. Por eso no comparto el concepto guerrero de Fallaci. **En la conversación, lo ideal es servir de puente de ideas, más que de orador.** Para llevarte el crédito de buen conversador, lo que más debes hacer es escuchar, y lanzar de vez en cuando uno o dos pensamientos e ideas para engarzar el diálogo con la otra persona. Esta técnica permite al interlocutor desahogarse. Al concluir, se siente satisfecho porque lo han escuchado y tú consigues el crédito de ser un buen escucha, algo que escasea en este mundo de trinos y videochats, pero pobre en comunicación interpersonal.

3. Invierte en el interlocutor: Si estás hablando con una persona, por algo será. Encuentra qué le interesa, qué le motiva, por qué ríe o sufre. A veces, tenemos la opción de investigar sobre una persona que conoceremos. Encontrar intereses comunes es un buen rompehielos para iniciar la conversación. Soy enemigo de los aduladores, y quizás por eso peco de ser un tanto seco. Pero me he dado cuenta que hay que evitar los extremos. **Un elogio sincero, sentido, siempre es bien recibido.** Por eso trato de ser más expresivo con las personas y, cuando siento que algo me gusta, lo digo sin reservas, aunque sea ante un desconocido. **La gente se ha vuelto demasiado egoísta, a la hora de expresar sus afectos.** En esto me incluyo, pero reconozco el problema y trabajo conscientemente para corregirlo.

Entabla conversaciones con tus vecinos o con los compañeros del ascensor. Interésate en hacer preguntas que puedan descubrirte su mundo. **Aprendamos de cada ser humano, porque la experiencia de vivir es única.** Cada historia personal es digna de ser escuchada, y todas dejan una lección.

4. **Acalla, amarra, olvida el ego: Deja de pensar en ti, y solo así podrás situar el centro del diálogo en el otro.** Cuando nos presentamos ante alguien, cosa que obviamente nos obliga a autoevaluarnos, a pensar cómo lucimos o qué tal nos irá, mi recomendación es entregarnos con sencillez y total atención al otro. Relajarnos, con la mente puesta en las palabras, la mirada y la gestualidad de quien nos habla.

5. Interactúa. **Hazte presente en el diálogo.** La manera más sencilla es hacer saber a la otra persona que estamos escuchando. Un gesto con la cabeza, una mirada atenta, y algunas acotaciones dan la pauta al interlocutor de que estamos interesados. En mi programa suelo decir "sí", "claro", "ajá" y "wow" muy frecuentemente. Cada vez que lo uso establezco una pauta de continuidad que indica que estoy escuchando.

6. Amplifica en negritas lo que sea revelador. La técnica que uso es repetir las frases que escucho y que realmente me parecen reveladoras. Esto lo hace muy frecuentemente Oprah Winfrey, mi otra gran mentora en esta carrera. Oprah parafrasea a su interlocutor, y eso permite que el público y el entrevistado conozcan el valor y el interés de lo que ha dicho. Para que la conversación fluya, pregunta de vez en cuando sobre algo ya dicho que te interesaría ampliar. Es muy oportuno usar tu turno para devolver la pelota al interlocutor, comentando lo que acaba de exponer, y no para cambiar de tema o de idea irreflexivamente.

7. Valora cuán importante es mostrar tu desacuerdo sobre algún tema en particular. Escoge con cuidado dónde mostrarlo. **Son las diferencias de criterios las que hacen las conversaciones interesantes.** Sin embargo, las personas que siempre tratan de imponer sus puntos de vista no son buenos conversadores, porque resultan insoportablemente arrogantes. El otro extremo, decir "sí" a todo, pone en evidencia a un interlocutor que no parece tener criterio propio. **Estar en el medio, ser moderado, como todo en la vida, es la clave para el éxito total de una conversación.**

8. Cuando me corresponde hacer el papel de abogado del diablo, me esmero en desempeñarlo con elegancia, de modo que la otra persona lo entienda y sepa que me interesan sus opiniones. Llevar la contraria en su justa medida, incluso en las conversaciones cotidianas, pone sal y pimienta a la charla. Sin embargo, si nos excedemos, pasa exactamente lo mismo que en la cocina. Si adoptas constantemente un punto de vista contrario, creas la ilusión de estar en desacuerdo con todo lo que se habla. Esto resulta agresivo y hostil para los demás, sobre todo si discrepan de ti. **La diferencia entre conversación y discusión es que en la primera las personas se escuchan, mientras que en la segunda se hablan entre sí, tratando de imponer sus puntos de vista**, sin colocarse en el lugar del otro. No habría discusión si una de las partes decide escuchar, y luego hablar, aclarar. En ese caso, regresamos al tono de una conversación.

9. **Controla el tempo y despreocúpate del tiempo:** Nada más desagradable que conversar con alguien que mira constantemente el reloj, el celular, o cualquier otro punto de distracción. El tiempo de una conversación está sujeto al interés de los involucrados. En esto no existe una fórmula. Pero sí puedo recomendar no preocuparse demasiado por el tiempo, y sí por el "tempo": por el ritmo, la cadencia y la fluidez del diálogo. Todos sabemos, de manera interna, si cuesta mantener el tema de conversación o si, por el contrario, estamos absortos y cautivados por las palabras.

10. Aprende el arte del punto y aparte. En la conversación, como en todo en la vida, hay momentos y ciclos intensos y otros aparentemente aburridos. Nadie, en su estado natural, conversa riéndose todo el tiempo a carcajadas. Si se agota un tema o resulta monótono, introduce una idea nueva que conecte con la anterior y abre otra vía de conexión. Algo dicho te puede recordar una anécdota curiosa, un chiste de buen gusto. El humor siempre es bien recibido, sobre todo si el chiste es políticamente apropiado. Uso el humor como relajante en las conversaciones, pero me cuido de no emplear chistes discriminatorios o estereotipados. Toda conversación, hasta la más mágica y memorable, alcanza su clímax de intensidad e interés. Es ideal aprovecharlo. Una linda sonrisa, o un buen apretón de manos, pueden poner punto y aparte a nuestra conversación. Nunca un punto final, porque la intención es dejar en nuestro interlocutor el deseo de volver a conversar.

Próximamente: *Cala Contigo: Un buen hijo de "P"*

Todos queremos tener éxito en la vida, todos queremos hacer nuestros sueños realidad. Muchos lo logran sin dificultad y otros, como yo, hemos tenido que convertirnos en verdaderos hijos de la gran "P". ¡No pongas el grito en el cielo! Yo cambié el paradigma de esta frase y saqué de ella algo positivo: te invito a hacerlo por tu parte.

Sí, me considero un total y genuino hijo de la gran "P". La vida me ha llevado por ese camino, no me ha quedado más remedio que convertirme en un verdadero hijo de la "P": la "P" de pasión, la "P" de paciencia y la "P" de perseverancia. Mis tres grandes "P" no son las que caracterizan a las personas que se portan mal con los demás. Las mías son de buena vibra, "P" de principios.

Tuve la suerte de contar siempre con la pasión y la perseverancia, pero la paciencia he tenido que cultivarla. Siempre fui muy impulsivo. En la escuela me decían "fosforito". Pero, con la edad y la experiencia, nos damos cuenta que tenemos que prepararnos, sembrar y cultivar para luego recoger. La paciencia nos abre el camino a la sabiduría. Por eso mi mensaje final va para ti: conviértete en un(a) gran hijo(a) de estas "P", de la pasión, la paciencia y la perseverancia.

Cala Contigo: Un buen hijo de "P", el próximo libro de Ismael Cala.

AGRADECIMIENTOS

Este libro es fruto del trabajo, apoyo y estímulo de la gente que forma parte de mi red de apoyo y desarrollo. Todos los seres humanos debemos tener una similar. La mía es gigante, y por eso me siento afortunado.

Gracias:

A David Taggart, y a Dan Stav, por el fuerte empujón para iniciar mi carrera como autor.

A Bruno Torres, por su aporte, y por hacer realidad el sueño de compartir con el mundo mi historia y mi filosofía de vida.

A Michel D. Suárez, amigo y consultor, por su paciencia en la organización del material, y por ofrecerme esa invaluable retroalimentación párrafo a párrafo.

A Cynthia Hudson, Eduardo Suárez, Verónica Molina y a CNN, por su respaldo en este emprendimiento.

A Don Francisco (Mario Kreutzberger), por su consejo oportuno y guía. A Larry King, por su colaboración.

A Maggie Lujo, fuente de energía inagotable y amor al prójimo.

A Eddie Armas y Franklin Mirabal, por ser dos mecenas de espiritualidad y amor.

A Emilio y Gloria Estefan, por su apoyo incondicional.

A mi casa editorial, la editorial Penguin, por confiar en esta aventura. A Erik Riesenberg, por aceptar publicar mi proyecto. A Adriana López, mi paciente editora.

A mi equipo de ángeles guardianes: Evelyn Betancourt y Yanoli Espinosa. A Lalo y José Peña, por su apoyo incondicional durante mis escapadas creativas a Sivory, Republica Dominicana.

A Isabel Bucaram, Karen Willet, Sandra Figueredo, Wilian Leiva, Alice Bejerano, Marian Marval, Laxmi Rudolfo y Héctor Castro, por ser mi familia en CALA. A Salvador Morales, Alfredo Ortega, Eli Bravo y al gran Carlos Alberto Montaner, por ser parte de la historia del programa. De todos he aprendido, a todos respeto y admiro.

A los amigos que siempre me han estimulado a escribir: José Velázquez, Félix, mi "caramelita" Myrna Kahan, mi padrino en Canadá, Ramón Hernández y su familia. A Mireya, Mayito y Glenda, entrañables. Y a Adolfo Fernández.

A Dany Pineault, Carlos Ramos, José Antonio Álvarez, Karmen Pastora, Adriana Navarro, Emilio Espinosa, Omar Amador, Álvaro de Álvarez, Juan Cañizares y María Esther, Karla López, Tamara Tong, Monsy Crespo, María Elena Hernández, Ciana Milá, Ado Sanz, Richard González y Julio Bevione.

A todos, nuevamente, gracias.

"Dios es amor, hágase el milagro."

Para contrataciones de Ismael Cala en conferencias, congresos, seminarios y talleres, contactar con:

CALA Enterprises Corporation
email: manager@calapresenta.com

Teléfono: +1 305 712 1445

Sigue a Ismael en las redes sociales:
Twitter @CALA
Twitter @CALACNN
Facebook.com/CALACNN
Instagram: @IsmaelCala

Subscríbete a nuestro newsletter y mantente al día con el calendario de eventos de Ismael Cala visitando nuestra página web en: www.ismaelcala.com.

A Ismael le encantaría recibir tu opinión sobre este libro, escríbele tu opinión y comparte tu experiencia en ismael@calapresenta.com.